大津百町我儘百景

はじめに

著者の好奇心と表現力はスゴイ。「それアートやん」と、ガス管やら板のフシ穴に目を向ける。傍目にはよくわからない空気を含んだものが、シャッターが切られたあとには絵になっているから面白い。よく耳にする「まちづくり」に足りないものがアート。おしえてあげたいなぁ、そのへんにあるものに名前をつけてゲージツ作品にする出会いの天才のワザのひとつを。

さて、すでにお手にされているこの本。ことのはじまりはブログ「大津謎学の旅」。そして、最近ではポータルサイト「おおつ＋i」の「プラスさんの日記」。そこに掲載された、町歩きの記録、好奇心のキロクが今回の本の元。ブログとウェブサイトに掲載されたものを登場順にレイアウト、あたらしく書かれたものや、まちを語る対談なども加え、ネット上のものとは装いもあらたなものになった。

パソコンを使わない人たちに読んでもらいたい、という思いや、編集中に発見も。

たとえば、この町で暮らすとはどういうことなのかということを、「まちで商う」で見つけた。紹介されたお店や商品は、決してエッジのきいたものや、流行感覚のあるものではないけれども、言うなら、一生のつきあいのできる安心感や、このお店の、この品があれば夕食は大丈夫、といったことが、じわーっと伝わる。

本のタイトルにある「大津百町」。江戸中期に、すでに百を数える町があった旧大津。明治以来、合併を繰り返し、町はどんどん大きくなっていく。

著者は、西は三井寺辺りから東は京阪電車石場駅辺りまで、その好奇心を向けているようだが、どうやら著者がこの本でいちばんに評価しているのは、大津の人の地元の文化に対する誇りではないか。

名もない人たちの仕事や、ものづくりに素直なことばで反応している。

企画編集／チーム安楽堂

目次

まちを遊ぶ

表紙・扉撮影　辻川悟

まちを遊ぶ……………………

さて何と読む？

運転免許を国に返して20年。
移動手段はもっぱら徒歩、電車、あるいはバスなど公共交通に頼ってきた。
お陰で、歩く目線でこの大津を眺め、ゆっくり味わうことができた。
で、町にある不思議なモノを見つけ、あるいは感じ……。
思わず、「プッ」と吹きだすことや、「おや〜」と思うことなど
デジカメや写メールで撮ってきた。
少し大げさに「大津謎学の旅」の始まりである。

結構有名な看板である。
町歩きを楽しむ中・高年者の好奇心をくすぐる。
新しく通った都市計画通りから大津日赤横を過ぎ、大きく左へ曲がる。
旧北国海道を北に行くと西側にその商店がある。

もうすぐ、都市計画道路拡張で
この看板もなくなる運命にある……。

そして誰もいなくなる？

狭い土地を有効利用するために、市街地は連棟の建物が多かった。
いわば、普通の人の住居は長屋住まいが主であった。
職人・商人・勤め人など……。隣近所の行き来が頻繁で
町内会や隣組の意識が強く、
味噌、醤油の貸し借りなど普通にあったと聞く。
しかし、家族構成や仕事場の変化、土地価格の高騰などで
その土地に住む人の価値観が大きく変わる。

長屋がなくなり、ビルが建ち、景観を無視したオシャレな家が建つ。
写真、手前の新しいトタンは、隣の家がこの線で、くっついていたという証し。
ポカッとあいた空き地は、同じように真ん中が更地になっていて
とりあえず、駐車場にでもするか、そんな発想で置いてきぼりを食らう。
で、住む人も居なくなり、空き地・駐車場ばかりの町になっていくのか。

しかし、キッチュでアートっぽい風景ではある。

大津絵踊り

先日、大津絵踊り保存会の定期公演に行ってきた。
大津絵に関しての講演会、大津祭りのお囃子の実演などあり。

大津絵踊りは江戸時代後期、全国的に流行った大津絵節に
大津絵のモチーフ、藤娘や鬼の念仏、鷹匠、奴などの
お面をつけて踊るユニークな踊りで
市の無形民俗文化財に指定されている。

会場の伝統芸能会館はこの種の催しにはピッタリ
なかなか趣があってよかった。
大学生、同好会グループなどの発表が何組かあったが
やはり、最後の芸妓さんの踊りが良かった。
でも三人はちょっと淋しい。
花街、柴屋町の灯が消えて久しいが、踊りに合わせて流れる三味線の音
そんな風情が訪れる事はもうないのか……。

62

散歩道に突然……。

ごく普通の様子で、このオブジェが道の真ん中に鎮座している。
この道「大津絵の道」という遊歩道になっていて
春になると、ハナミズキが咲き乱れる私のお気に入りの散歩道でもある。

昔、この場所に、鉄道が走っていた。江若鉄道である。
浜大津から近江今津まで、二両編成のディーゼルカーが走っていた。
夏休み、親戚のある堅田まで毎年のように出かけたものだ。
夏は水泳客で、冬はスキー客で満員だったという印象がある。
余談だが、びわ湖で泳ぐことを海水浴とも、湖水浴とも言わず
単に「浜で泳ぐ」という。

今の「明日都浜大津」あたりに駅舎があり
近江今津や高島、堅田など湖西からの人やモノを運ぶ貴重な鉄路であった。
ＪＲ湖西線が開通する昭和49年以前の話である。

さて、なんでポンプがそこにあるのか、よく分からない。

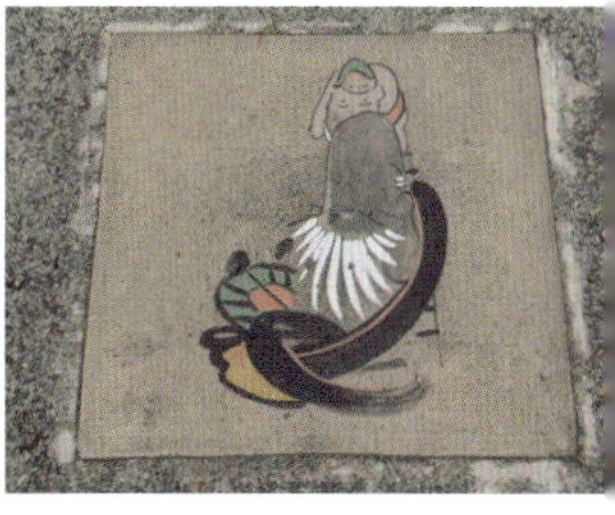

もうすぐ卯年終了

三井寺近くにある、三尾神社。

三井寺と特に縁の深い、由緒ある神社である。

干支のウサギに特化した神社で、ウサギ年生まれの守護神と自ら主張する。


だから、今年のお正月は大勢の方がお参りに見えた。

「……のパワースポットを求めて」

また「○○ミステリーツアー」と銘打って大型バスがやってきたりした。

これだけ明確にウサギを強調した神社も珍しい。
鳥居にも、灯篭の足元にも、チョロチョロと口から水を出す
手水鉢もみなウサギの意匠が彫り込まれている。

十二年に一度しかない卯年。
それ以外の年、お賽銭など収入面でちょっと心配だが、
余計なお世話か。

和風円形出窓

旧大津市街には町家が多く残っているが、
こんな粋で美しい円形の出窓は珍しい。
格式があり、それでいて遊び心に満ち溢れている。

この場所は、湖国三大祭で有名な大津祭のメインストリート、
ＪＲ大津駅から寺町通りを下り、京町通りの交差点近くにある。
祭り当日ともなれば、ベストポジションの確保にカメラマンが躍起になる。
全体を構成する格子戸も美しい、大津の典型的な町家の姿か。
近くには大津事件の碑も建ち、訪れる人は多い。

札の辻を起点に、旧東海道の街並み整備が始まろうとしている。
街並み整備の特効薬は電柱の地中化が一番だと叫べども、一向に進まぬ。
地域の文化遺産を活かした活性化と観光振興を、と言うは易し。
多くの疲弊した中心市街地の問題でもある。

願意
GI全制覇!!
WIN5全的中!!
万馬券奪取!!
長等神社

万馬券奪取！

絵馬に「万馬券奪取」とある。
長等神社境内の中、右側の奥のほうにある小さな社、大津馬神社である。
元々は札の辻にあったが、京阪電車京津線の工事に伴い
現在の場所に移転したという。
馬に特化した「知る人ぞ知る……有名な神社」である。
競走馬の馬主さん、ジョッキーさん厩務員さんなど競馬に関わる人たちの
篤い思いが届くように鎮座している。

それよりもなりよりも、一心に万馬券を夢見るファンの願いが
供え物のニンジンによく現れている。
馬券が藻屑と消えないよう、必勝祈願！
競馬好きにはたまらん神社ではある。
ちなみにタイアポロン号は、平成9年函館競馬で貴重な一勝を上げている。

804
USEN

今日も元気に路面を走る!

京阪浜大津あたり。
高価な一眼レフのカメラを持って集まる多くの路面電車ファン。
なつかしい、音が大好き、ラッピングが楽しい……などの理由で
浜大津にこられた方、堪能されましたか?
面白い写真が撮れましたら、ぜひ投稿を。

この京阪電車「石山坂本線・京津線」一部は路面電車。
いわゆる車や人と同一面を走る併用軌道といって、
専用軌道のみ走る多くの鉄道と違って
運転免許(本当にこう言うのか定かでない)取得の国家試験は
難しいと聞く。
最近では、女性運転士もいて、
カメラ小僧のターゲットになっているとか。
あのお堅い京阪電鉄も様変わりの模様、大いに歓迎である。

粋な二階のガラス戸

商店街近くの二階家、ちょっと見つけにくいけれど……。
キョロキョロしながら、不審者に間違われないよう、探すように。

戦後30年台後半、びわ湖遊覧という観光行事が一大ブーム
その遊覧船に常備されていた浮き袋が、デザインされている。
当時、豪華客船「玻璃丸（はり丸）」は人気で
「近江八景めぐり」や「たそがれ・ショウボート」など大盛況であった。
子供のころ、玻璃丸の船長室に入れてもらったことがあり
そこで借りた双眼鏡で見た波の大きさに
思わず、双眼鏡を取り落しそうになったことなど、昨日のように思い出される。

この窓ガラス、オリジナルデザインだけに、随分高くついたのではと
他人事ながら心配する。
かつて賑わいを呈した大津商人の懐の奥深さと、経済力
そして、粋な心意気に驚かされる。

三井の晩鐘除夜の鐘ジャズライブ

寒波襲来！
色々あったけれど、２０１１年も今日でおしまい。
「おおつ＋i」登録メンバーの方、このサイトを覗いていただいた方々……。
年の瀬を心穏やかに、そして希望に満ちた新しい年をお迎えください。

さて、当運営委員会では自主事業として
総本山「三井寺」の国宝金堂の前にて
恒例の「近江八景除夜の鐘ジャズライブ」を主催。
大津市文化奨励賞を受賞されたテナーサックスの西村由香里さんを
中心に、楽しい仲間が集まってスペシャルセッションを敢行。

「近江八景・三井の晩鐘」で有名な三井寺の除夜の鐘は、百八つではなく
みんなの思いを込めて、幾つでも撞くことができる。
10時半からのジャズ演奏に続き、12時からの除夜の鐘。
心に残る年越しになりそうだ。

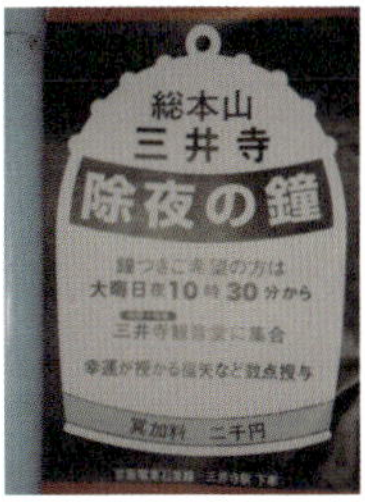

あたたかいお地蔵さん

私、結構好きなシーン。壁面に食い込んだお地蔵さん。
お地蔵さんが出来てから、塀が出来たのか、
もともとあった塀を引っ込めて、この家主さんが地面を貸して出来たのか
その辺はよく分らない。

お堂の板塀は磨きこまれ、木肌もこざっぱりしている。
そしていつも花が活けられていて、小まめに水も替えられている。
この地域にきっちり根付いたお地蔵さんである。
夕方になると、バターンと扉が閉められ、塀と一体化しフラットに。

この地域の地蔵盆、狭い路地をちょっと仕切るとすぐに成立。
警察に届ければ、車もシャットアウト。子供には安全なエリアになる。
細々と、しかし営々と続ける人の温かさがうれしい。

みのこ

わたしこのみ

結構気に入ったショット、かもめの表情を見事に捕らえている。
で、一瞬であるが、船体の文字を「このみ」と読んでしまった。

これは浜大津港に停泊中の
フローティングスクール「うみのこ」を背景に撮った写真。
「ケンミンショー」的にいうと、「滋賀県民の小学五年生は
日本で一番大きなびわ湖を学習するために、環境学習船に乗って
びわ湖の勉強をする」ということになる。

そんなことは別にして、偶然押したシャッターが、予期せぬ結果で撮れた写真。
そんな偶然の成せる意外性や物語性、ユーモアあふれる作品を
ニンマリ一人で笑ってないで
ポータルサイト「おおつ＋i」にぜひ投稿を。
この「うみのこ」も就航して40年、かなり老朽化しているとのこと。
全国の皆さま、ふるさと納税にご協力を、そして新造船の夢を子供たちに。

飾り窓①

誰も振り向かないような所に、気のきいたデザインの窓がある。
特に旧大津市内、長等2～3丁目あたり。
花街があった柴屋町の風情は、時間がとまったまま。
そして残すべく理由もなく、自然に消えていく。

横長のかぶらのような窓、お寺の梵鐘のような窓……。
誰がどんな目的で造ったかは知らないが、その遊び心がうれしい。

「花街」という遺産が形として残るこの町の存在を認め
歴史的に系統だてて収集し、残していかなければならないと思う。

この意匠、この職人の心意気、風前の灯のようなはかなさが
再開発にでも遇えば風の中の塵のように、消えていくことだけは確かである。

飾り窓②

この窓もやはり旧花街として栄えた、柴屋町あたりにある。
活気を呈していた昭和の中頃
この建物はダンスホールとして活躍していたと聞く。
建物の上部、レリーフの模様の近くに釘跡のようなものがある
これは、ネオン管があった跡だと思われる。
きらびやかな光は、束の間の夢を追い求めていたのかも知れない。
かつてダンスミュージックやジャズ、流しの演歌歌手……。
あるいは三味線、常磐津など夢の出入り口であったかも知れない窓たち。
まあ、そんな事を考えながら歩いていると
この町の変遷と終焉を感じずにはいられない。

この丸窓、かなり手の込んだ美しい窓だったに違いない。
土壁が剥落し、もう雨風もしのげないほどのダメージが。

月番

将棋形の回覧札

この町の自治会は旧町名で管理、運営されている。
3・11東日本大震災後、自主防災が大きな課題として浮上してきた。
高齢者が多く住むこの町にとって、他人事ではない。
「月番」と書かれた、将棋形の看板（?）は必ず玄関に掲げ
おおつ広報を配る、行事のおしらせなど、回覧板を回さなければなりません。
私が知る限りでは、旧町内でこの将棋形を回している町内は3ヶ町ある。
戸数が少ない上、足腰の弱い高齢者にとって、結構つらい仕事だが
この町内がある限り、月番の仕事がなくなることはない。

家を出て行った息子さんや娘さんが、この大津に帰って来て
高齢者や社会的弱者を、地域や周りが支える。
そんな仕組みがきっちり出来ないものか。

どうだろう。この古色蒼然とした風格ある木目の色。
しかし、この看板なぜ、駒型なのか知りたいものである。

特別展「車石　江戸時代の街道整備」展

江戸時代後期、東海道大津～京都間に敷き詰められた「車石」。
当時の街道は土道だったので、
雨が降れば牛車の車輪が泥道に埋まるなど大変だった。
今から２００年前、牛車がぬかるみにはまらぬよう、約12キロの道のりに
両輪の幅に合わせて２列に石を敷くという工事が行われた。
敷かれた石は、頻繁な牛車の通行によって擦り減り、U字型の凹みが残され
その石がいつの頃から「車石」と呼ばれるようになった。
今も街道沿いの各所に残されていて、往事の卓越した交通政策を
今に伝える重要な文化財である。

特別展は、初公開の街道絵図を始め、浮世絵、絵馬や高札、古文書、
古写真など、車石に関する様々な資料が展示される。
大津市歴史博物館　３月３日㈯から４月15日㈰まで。
※このイベント情報は当時のもので、現在は開催されていません。

アートする鉄管

玄関前にあるガスメーターを繋ぐ鉄管である。
この町に都市ガスが通じたのは、多分50年以上も前
当時は大阪ガス、今は大津市の企業局が管理する。
プロパンガスという時を経ずに、炭・練炭・火鉢などから
いきなりの都市ガス。このカルチャーショックはいかばかりであったろう。
古い家屋に間髪をいれず、アートする鉄管がやってきた。

もともと、狭小地に連棟の住居が多いこの古いまち。
無理にガス管を通すには
通りに面した表玄関側にしか取りつけられぬ。
直角に曲がった管や、寸法の短い管を組み合わせてメーターを繋ぐ。
ずいぶんよく出来た工夫ではある。
で、最後に住まなくなったら、メーターは外される。
合理的ではありますが……。

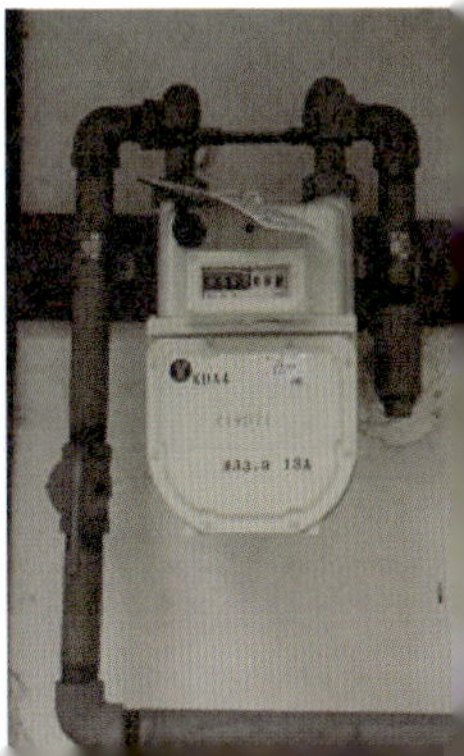

大津百町
400m先
滋賀

町名表示板

大津中心部にはこの3種類の表示版がある。

（下右）ご存じ、大阪が本社の「仁丹」が、戦前から各地方にくまなく
はりめぐらしたもので、その経済力はたいしたものであった。
現在ではほとんど見ることができないが、今でも自治会の基本的な単位。
町内会の行事（地蔵盆など）はこの小さな町内単位で行われている。

（下中）戦後、行政の主導で歴史やいわれなど無視した
無味乾燥な表示に変わる。
まあ、郵便番号の整理で、配達が便利になったというほどの効果か。

（下左）最近、中央学区・長等・逢坂・平野の一部で
大津百町といわれたところに
昔の町名を掲げようと設置が進められている。
たしかに、江戸後期、この猫の額ほどの土地に、
ジャスト百町もあったということに驚かされるが、その事実を知らないまま、
大津百町という呼称が一人歩きしないか、いささか心配なところ。

忘年会
ご予約
Coca-Cola

京阪電車大津線100周年

京津線は大正元年（1912年）8月15日、京津電気軌道株式会社が
三条大橋~札の辻間で開業して以来、大津と京都を結ぶ交通ルートとして
重要な役割を果たしてきた。
平成24年度を大津線100周年キャンペーン期間とし、
100周年にまつわる様々なイベントを実施。
7月21日㈯からスカイプラザ浜大津で
「100周年懐かしのパネル展」を開催。
また、記念乗車券、記念スタンプラリーなども予定されている。
昔なつかしい、本線を走っていた赤色の1000系電車も現在走っている。
右の写真は、その勇士を狙って待つ鉄道ファン達。
地域とともに歩んできた京阪電車大津線の100周年。
みんなで盛り上げましょう！

現在、京津線では右下のヘッドマークを付けた電車が走っている。

森永ミルクキャラメル

このレンガ、見事に形成に失敗したレンガである。
まるで舌の上で、溶けはじめたミルクキャラメルのよう。

明治の中頃（23年）、竣工した琵琶湖疏水用に大量に製造されたレンガ
その失敗作、焼き損じのレンガが壁面として使用されている。
よく見ると、ふにゃふにゃの曲面が、柔らかく暖かな効果を出している。
明らかに、リサイクルされたレンガという事。
琵琶湖疏水の工事中、第一竪杭（長等山トンネル）の上あたりに
レンガ工場があったらしい。
その焼き損じのレンガが、まちの中で生きている

何をもって美しいとするか、それは個人の意識の違いであるが
何気ない古びたレンガの構図が美しいと感じるのは
私だけであろうか。

大津百町「町家学の基礎知識」①

【虫籠窓／むしこまど】

お米を蒸す「蒸子」に似ている……との説もあるが
やはり、「虫籠のような細かい格子」説に軍配を上げたい。

通りに面した中二階に、通風と明かりとりのために設けられた窓である。
江戸時代、本格的な二階家を建てることが禁止されていた。
「商人や町人が武士を見下ろす」という事が許されていなかったからである。
高さを抑えた中二階（厨子二階）は
主に物置き部屋や、使用人の寝間として利用されていた。
そのための風通しであり、明かりとり窓であった。
大津中心部にもわずかに残っているが観音寺あたりには
すこしまとまって残っている。
私が知る限り、このあたりで一番美しい虫籠窓（下右、神出町）。

※こんな変わった虫籠窓もある。
（下左、重要伝統的建造物群保存地区　富田林・寺内町）

大津百町「町家学の基礎知識」②

【袖卯建／そでうだつ】

「うだつがあがらない」の語源になっている卯建。
屋根の上に縦に走る2本の小屋根、それを本卯建といい
それから垂直に降りて隣家からの延焼を防ぐ分厚い塗り壁、それを袖卯建という。
その装飾部分がだんだん華美になり、その豪華さを競う……。
ことわざの語源である。
徳島県脇町（下左）はこの卯建で有名なところで
多くの観光客をよんでいるという。
旧大津には本格的な卯建なく、防火が主な目的で作られた袖卯建が
観音寺あたりにわずか見られるていど。
虫籠窓を探すより、困難なほどである。
残念なのは、そんな資料的に貴重な町家の写真も残っていない。
加えて残念なのは、大きな商家が自分の経済力を背景に
昭和の中頃から、どんどん新しく店を立て替えた。
当時は町家という言葉もなく、今ほど古いものを大事にするという
風潮もなかった。まあ、いけいけドンドンちゅう感じで町が変わっていった。

大津百町「町家学の基礎知識」③

【犬矢来／いぬやらい】

道路に面した外壁に置かれるアーチ状の垣根。
竹や木などでできたものが多いが、
馬のはねる泥、犬走りと呼ばれる軒下を通る犬や猫の放尿から
壁を守るもの。
駒寄せから発展したとも言われ、
泥棒が家に入りにくい効果もあるとされている。

ここ大津中心部、中央2丁目あたりと
京町通り（旧東海道）には比較的見つけることができる。

近年、左下、和風の雰囲気を出すためこんな犬矢来も出現。
クーラーの室外機などを隠す工夫にも使われている。
ちょっとしたこだわりで町の雰囲気が変わることも。

大津百町「町家学の基礎知識」④

【鍾馗さん／しょうきさん】

江戸時代、新築した家に鬼瓦を載せたところ
向かいの家の娘さんの具合が悪くなり、寝込んでしまった。
そこで、鍾旭様を屋根に載せて鬼瓦を睨み返したところ
具合がよくなり、病気も治ったと、そんな話も伝えられている。

一階の小屋根の上や二階の屋根の上に祀られている魔よけの瓦人形。
学業成就や厄病除け神様である。
唐の玄宗皇帝の悪鬼を退治した武将だとされている。
そして、端午の節句にも「鍾馗さん」は登場する。
長い髭を蓄え、中国の武官の衣を着用
そして剣を持ち、大きな目で何かを睨み付けている
そんな姿は京都の町家にも共通の形である。
旧大津市内にも結構存在するが
このように自分の住家を与えられている鍾馗さんは珍しい。
そんな目で町中を探してみてはいかが？

うなぎが食べたい！

うなぎの稚魚（しらす）が激減していて、市場価格が高騰。
なかなか口に入らないが、せめて土用の丑の日には食したい。
ここ大津商店街とその周辺には、うなぎなど川魚を扱う専門店が数店ある。
なぜ「土用のうなぎの日」が出来たのかは諸説あるが
かの天才マルチタレント平賀源内が、夏場になるとうなぎが売れないという
お店の依頼で、夏ばてにはうなぎを！というキャッチフレーズを作ったからと
されている。

バレンタインデーにはチョコレートという洋菓子メーカーの戦略の類は
江戸時代からあったようで……。
このポスターの人物は平賀源内そのものである。

川魚店のうなぎは、だいたいこんな感じで値札が付いていない事が多い。
買うのも勇気、聞くのも勇気。さてあなたならどうする。
値段の目安は、スーパーで売ってる中国産の約2倍といったところか。
でも、やはり相当旨い。

郵〒便
POST
JP POST
日本郵便
大津支店
524-2003
日本郵便が取り扱う次のもののみ
投かんしてください

郵便差出箱1号丸型

この赤いポスト、正式にはこう呼ぶ。
「日本丸型ポスト協会」なるものがあって、この団体が調べた結果
６３００本もの（平成９年調べ）ポストが現役で働いている。
昭和24年（１９４９）から使われたというから、
60年以上もこの場所で、文句も言わずに黙々と立ち続けている。
現在この旧大津地区には、６本の現役丸型ポストがある。

平成16年制作の「大津百町おもしろ発見地図」には7本あったが……。
何気ないに日常の風景に、
ちょっと漫画チックな雰囲気と愛らしさを演出している。
そして、いつの間にか消えていくかも知れないこの風景……。

この丸型ポスト６本、琵琶湖疏水あたりから歩きだして
ほぼ一時間、京阪の石場の踏切までで発見できるはず
チャレンジしてみては？
しょうもない？ことかも知れないが、記録に残す事がわたしの仕事かも。

夏のしつらい

連日の猛暑。気温が35度を超えるという事がそれほどなかった頃
普通の家ではクーラーもなく、夏休みを過ごしたものだ。
夕方、早めに銭湯で汗を流し、そうめんと、ニシンとなすびの煮つけ
キュウリの漬物で夕食。
夜は蚊取り線香をつけて、怪談話しや肝試しなど。
間口の広い大きな商家には
中庭があり、灯籠や井戸、手水鉢やすだれで涼を取っていた。

お金持ちも、そうでない家もなんとか工夫次第で
健康的に夏を過ごしていたものだ。
そんな先人の知恵を学び、体験できるのが「まちづくり大津百町館」。
平成9年に発足した市民団体、「大津の町家を考える会」が管理・運営する。
それにしてもこの丸い下駄、歩きづらくないのかしらと思って、
庭を歩いてみたがなかなか快適な履き心地であった。

なぜか唐橋風

旧花街、大津市長等2丁目あたりには柴屋町という遊郭があった。
その名残だろうか、他の場所には見当たらない唐橋風手摺りが残っている。
江戸時代、庶民の観光名所としてガイドブックに
あるいは浮世絵師が、こぞって題材にした近江八景……。
瀬田の唐橋は京都防衛上の重要地であったことから
古来より「唐橋を制する者は天下を制す」と言われた。
近江八景、瀬田の夕照と言われ、日本三名橋の一つに数えられている。
また、「急がば回れ」の諺の発祥であるとも言われている。

300メートル四方しかないわずかな場所に、3ヶ所もある唐橋風手摺り
なぜ、このような凝った意匠をほどこす必要があったのか、極めて謎であるが
風格ある擬宝珠は、往時の繁栄を偲ばせるに十分である。
因みに擬宝珠はネギの花に似ているから、「葱台」とも呼ばれている。

旧町名御蔵町には

京阪浜大津駅附近、ちょうどコンビニや居酒屋のあるあたりが
旧町名でいうと御蔵町で、その東隣には蔵橋町という町もある。

関ヶ原合戦後、大津城の堀が埋められ、その跡地に幕府直轄の蔵屋敷が整備された。
丸子舟などの湖上交通で、北陸や長浜などから運ばれた米などを貯蔵
その後牛車で、逢坂山を越え、京・大坂に運ばれたのであろう。
後年、その牛車の負担を軽減すべく逢坂山には車石が敷設された……と。
歴史をたどれば、面白い話も数々あるが
旧御蔵町には目を見張るべき「蔵」が見当たらない。
もともと商家の多かったこの地域、蔵は母屋の奥のほうにあり
これ見よがしに自慢すべきものではないという、大津人特有の奥ゆかしさの現れか。

「相応の蔵を借りて、
ジャズのライブハウスなどやってみたい」という望みもなかなか実現しない。

カゴメソース
淡口醤油
天
日本丸天醤油株式會社
天下一品
萬
キッコーマン醤油
イヅミイチ
醤油
東
ヒガシマル
醤油
塩
Orient
若代商店

壁面の商品群

長等2丁目あたり。細い通りの先、こんな所に商店が？と思うところに
味噌醤油などを扱う、お店がある。
「御用聞き」という言葉が（サザエさんには三河屋さんが登場する）
まだ生きているこの町。
独居宅を訪問し、注文を聞いて届ける。
古きよき商習慣が、高齢化が著しいこの町に安心を与える……。
さて、この商店の壁面に飾られている琺瑯《ほうろう》の看板
商品として、どれだけ流通しているのか？知る由もないが
この店の歴史を語るには十分である。

貴重なこの琺瑯の看板、大事にしてもらいたいものだ。
大阪、天満あたりで見つけた、浪速千栄子のオロナイン軟膏の看板。
この手のメジャーな看板は、売買の対象になっていて
盗難騒ぎも勃発しているという。
その場所にあってこその、価値ある庶民芸術だと思うのだが……。

お賽銭

わが町の地蔵盆

夏休みも終盤、気がかりなのは宿題。
そんな時期に行われるのが、地蔵盆である。
最近では土日にする町内が多いと聞くが
わが町内では昔から8月23日、24日と決まっている。
子供の健やかな成長を祈る地蔵盆。まずはお寺さんのお経で始まり
大きな玉が回ってきたら、ペコと頭を下げる「数珠回し」。
圧倒的に子供の数より大人が多いが、大人も子供の頃にかえった気持ちか。
そして、子供のための「おやつ」の時間などなど。
夕方からは焼きそば、ビンゴ大会、かき氷の接待が……。
御多分にもれずわが町も少子高齢化が進む。
地蔵盆そのものの存続を危惧する声も聞くが
地域社会のきづなを守るためにも、続けていきたい行事である。
さて、大慌てで「夏休みの宿題せなあかん」と今でも夢見る私。
地蔵盆は宿題に結びつくゆえ、永遠の心のトゲである。

登録有形文化財
第25-0299~0301号
この建造物は貴重な国民的財産です
文化庁

登録有形文化財

京町通りの料亭「魚忠」、浜町のバス停前「石田歯科医院」、その隣り「桐畑住宅」、そして長等3丁目にある「豆信」など、大津旧市街には十数軒有形文化財として登録されている商家や個人住宅がある。

昭和40年代ごろから始まった、急激な都市化により近世末期や近代以降の多種多様な建造物が、破壊される事例が相次いだ。国レベルで重要なものを厳選する、重要文化財指定制度のみでは不十分でより緩やかな規制のもと、幅広く保護の網をかけることの必要性が生じた。

おおむね

(1) 歴史的景観に寄与しているもの

(2) 造形の規範となっているもの

(3) 再現することが容易でないもの、という割と低いハードルのもと身近にある建築物（町家）をクローズアップし、保護しようというものである。

「町の景観を守り、それを生かす」そんな意識が高揚する事を……

文化庁が設置してくれるこの看板、なかなか重厚でそれなりの価値がある。

願わくは、この看板があふれる町にしたいものだ。

和がーでにんぐ

私が住まいする旧大津中心部は狭小地に連棟の家が多い。
ガーデニングという粋な言葉がなかった時から
鉢植えの工夫だけで成立する花壇に、季節の花が咲き乱れる。
大きなアジサイも鉢植えで咲かせる愛情、根気、技術？
この時期、通りを歩く人の目を大いに楽しませてくれる。
狭い通りと、家と、花と、人が実に近い。
うまく行けば世話するおばちゃんの自慢話など聞けたりする。
自然とコミュニケーションが生まれ、生きている草花と会話する。
町あるきの楽しさはこんなところにもあり
これこそが生きた屋外学習ではないかと。

厄介なのは犬猫の放尿と、さらに悪質なのは
心無い人によるいたずらと持ち帰り。
これを窃盗という。

大津百町「町家学の基礎知識」⑤

【格子・出格子窓／こうし・でごうしまど】

旧大津市内に比較的多く残っている格子。
日本の伝統的な町並みを象徴するデザインの一つである。
格子は目隠し、日よけの役割を果たしつつ
防犯やプライバシー保護の意味も。
採光や通風など日本の風土にも合致したアイテムである。
また、粋を表現するため装飾的な工夫もされている。

私が知る限り、この界隈で一番美しい出格子窓。
造作に手が込んでいて、手入れも行き届いている。
家人のかいがいしさを彷彿させるように
丹念に磨きこまれ、いつも洗いたての木色で
格子も細くなってしまっているものを目にすることもある。
現在進行中の都市計画道路拡張区域に入っていて
もうすぐ、消えていく運命にある。

大津百町「町家学の基礎知識」⑥

【バッタン床机／ばったんしょうぎ】

使う時に「バッタン」と倒して使用することから
おもに関西方面で言われるようになった。
見世（店）の間、正面外側に設けられた縁台のことで
上げ下げが出来、折り畳み式商品の陳列台であったり
また、庶民の夕涼みの場であったりした。
旧大津市内の町家は間口が狭いため
あるいは表が改修されているため
あまり大きな床机をみる事が出来ない。
膳所や坂本には本格的なバッタン床机が今もある。
残念ながら、ステテコ姿のおじさんが団扇を使いながら
将棋に興ずる姿が消えて久しい。

大津百町「町家学の基礎知識」⑦

【煙出し・煙出し屋根／けむりだしやね】

文字通り屋内の煙を外にだす窓である。

通常煮炊きをする「おくどさん」は、通り庭といった土間の奥にあり、

その上部は吹き抜けになっている事が多い。

おくどさんから出る煙はゆっくり上に昇って外に出る。

暖房効果もあったようだが

種火を付けて、薪をくべ御飯を炊くまで大変な作業であった。

大津中心部に都市ガスが普及したのは、今から50年以上も前。

寒い、暗いといった土間での台所作業が

ガス・電化器具の普及と共に急速に近代化し

煙出し屋根は無用になる。

煙出し屋根は、背伸びして、和瓦の屋根の上を眺めながら

車のクラクションなどに気兼ねしつつ、探し歩かねばならない。

http://www.issaka.org/
想い出は今も走りつづけて・・・
いっさか線ぶるーす
OGG
いっさか線ぶるーす
雨あがり
花冷えの頃
根雪
空は空　うみはうみ
石山寺駅〜坂本駅間実況録音
(最後の車内放送、24分間にまとめて)
OGG渾身の「いっさか線ぶるーす」好評発売中!
発売場所:京阪線コンビニエンスストア「アンスリー」24店・大津線「京阪山科駅」、「浜大津駅」各駅売店
石山寺、膳所、浜大津、三井寺、皇子山・・・・そして世界文化遺産の比叡山延暦寺。太古の昔からキラ星のように輝く歴史や文化。それらを縫うように走る京阪電車「石山坂本線」。様々な思いを

http://www.issaka.org/
想い出は今も走りつづけて・・・
いっさか線ぶるーす
OGG
いっさか線ぶるーす
雨あがり
花冷えの頃
根雪
空は空　うみはうみ
石山寺駅〜坂本駅間実況録音
(最後の車内放送、24分間にまとめて)
OGG渾身の「いっさか線ぶるーす」好評発売中!
石山寺、膳所、浜大津、三井寺、皇子山・・・・そして世界文化遺産の比叡山延暦寺。太古の昔からキラ星のように輝く歴史や文化。

いっさか線ぶるーす

「いっさか線ぶるーす」というCDを出したのは、2004年の事
いっさか線（お年寄りは京阪電車石山坂本線をこう呼ぶ）をテーマにしたCDだ。
2002年、この京阪石山坂本線を京阪電鉄から切り離す分社化構想が発表された。
同時に車掌さんの乗務が廃止、ワンマン運行に移行した。
本当に、安全な運行が可能なのか、地域住民の足は確保されるのか。
有志で京阪電車の応援組織「勝手に京阪いっさか線学会」を立ち上げ
「いっさか線はおおつの宝だ」をテーマに、電車の中でシンポジウムを開催。
現在、好評の「おでん電車」や「ビール電車」などの原型になる
企画電車も自主運行。

敬愛してやまぬシンガーソングライターで役者、OGGによるこのCDは
ホームでの喧噪、電車の発車音、カーブを曲がる軋み音、車掌さんによる
最後の車内放送など極めて貴重な音源も収録されている。

まちの顔？

歩いていると、何処かで見たことがある風景や
昔体験した何でも無いことを思い出したりすることがある。
まち歩きの醍醐味といったら大げさか。

板壁の穴がムンクの名作「叫び」の表情を彷彿させる。
工事現場に使う鉄骨の足場が、ガタガタと笑ってたり、泣いてたり……。
ライオンに似た木立があったりする
そんなものを見つけた日は、なんか得をしたような気になる。
まち歩きにはこんな楽しみもある。
安上がりな発見の旅、面白い写真が撮れたらぜひ投稿を。

マンションの1階にある、ゴミ収集ボックス
にっこり笑った太ったペンギンに見えなくもない？

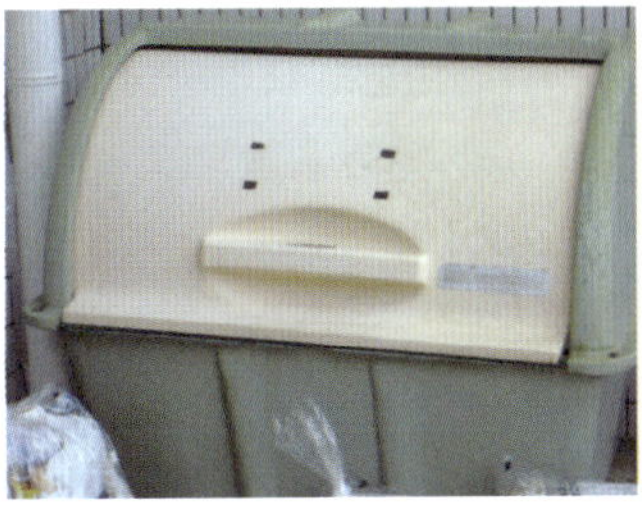

県庁探偵団①

普段滋賀県庁に行くことは、そうあるものではない。
この立派な建物、早稲田大学大隈講堂等を設計したことで知られる
佐藤功一氏の設計になるもの。
滋賀会館、体育文化館、琵琶湖文化館と、ことごとく耐震性の問題で現在は閉鎖。
ずいぶん、県庁あたりもさびしくなった。

県庁のホームページから、少し調べて中庭を探索。
初代県庁は、三井寺境内にある円満院に開設されたあと
その後も間借り状態が続き、昭和14年現在の場所に落ち着いた。
そんな歴史を語る遺物がたくさんあるに違いないと内部へ。
花崗岩でできた瓦や、旧庁舎の柱頭などさりげなく展示されている。
受付には、県のイメージキャラクター「うぉーたん」「キャッフィー」がお出迎え。
県庁内部の階段のレリーフはなかなか凝ったもので
明かり取りのステンドグラスも見もの。
階段の踊り場には、アール・ブリュットの作品も展示されている。

県庁探偵団②

耐震の問題で閉館して久しい滋賀会館、久しぶりに覗いてみた。
散髪屋さん写真屋さん、中華屋さん、そして喫茶店……いずれも閉店。

「ベンハー」や「ウエストサイド物語」「シェルブールの雨傘」などの映画。
トリオ・ロス・パンチョスや坂本スミ子、アイジョージのコンサート……。
そういえば、ラテン音楽が大流行の時代でもあった。
成人式にはディークエイセス（ボニージャックスだったという声も）も来た。
まさに、文化の殿堂であった。
滋賀会館は、関西で2館しか無かった70ミリ映画の上映館だった。

その地下から、県庁に通じる地下通路を知る人は少ない。
ちょっと、暗くて細くて長い天井には、むき出しの配管などが
不気味であった。
今、その不気味さ?が効を奏して映画のロケに使われている。
県ロケーションオフィスお奨めのスポットである。
しかし、これだけ人が少ないと、エキストラを集めるにも苦労しそう。

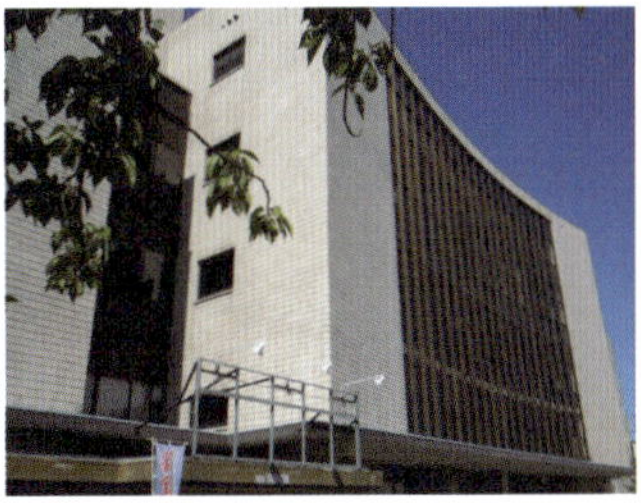

旅館
榎木屋

似合いますか

観光ルートになっている。
真っすぐ上がると、長等神社。右に曲がって2分ほどいくと
桜で有名な琵琶湖疏水。その桜のトンネルを行くと総本山三井寺。

近くには、大津絵師四代目高橋松山の工房があり
ガイドブック片手に大津絵を買い求める人も訪ねる。
その周辺のロマンチックムードを演出するのがこの街灯。
長等山に沈む夕日にマッチして、なんとも詩的な雰囲気を醸しだす。

結構立派な街頭の足元に、おしっこ禁止の鳥居である。
このあたりは、そんな景勝地にも係わらず、
落ち着いた家並みがつづき、昔からの人が住み
やたら犬猫の多い町でもある。
しかしこの鳥居、極めて無粋ではと思うのだがいかが？

原作
脚本
花登筐

「土性っ骨」より

あかんたれ

第181話から第185話まで

東宝株式会社
東海テレビ放送

番頭はんと丁稚どん

郷土の生んだ、小説家・脚本家の花登筐（はなとこばこ）作の超ヒット作品。

60年代、テレビがお茶の間を席捲、午後7時半からの生放送であった。

もちろんモノクロ。

大村崑、芦屋雁之助、芦屋小雁、茶川一郎などそうそうたる喜劇役者を輩出。

小説では「ぼてじゃこ物語」「細うで繁盛記」「どてらい奴」などが代表作。

その花登筐の出生地がここ大津、旧町名でいうところの上北国町あたり。

のち、大阪の花登家に嫁ぐ姉の養子となる。


昭和58年、56歳で急逝、その間書いたテレビ・舞台の脚本は6000本以上。

当時まだ珍しかった新幹線の中でもペンをとり、「カミカゼ作家」とも呼ばれた。

幼くして母を失った女性が船場の糸問屋に奉公し、一人前の御寮さんになるまでを描いた「鮎のうた」は、昭和54年NHK連続テレビ小説として放映される。

最高視聴率49・1％を記録する。

大津市立図書館の2階には著作・脚本・蔵書等8300点の寄贈を受けた「花登筐記念文庫」がある。謄写版で印刷された台本や、セリフの書き直しの指示がある原稿などが、在りし日の姿を偲ばせる。

第4回大津ジャズフェスティバル
OTSU JAZZ
FESTIVAL
世界一美しいジャズフェスティバル
4th
びわ湖畔 ジャズの音色でつながる街
2012
10月
13日 sat 14日 sun 12:00～
全会場入場無料
京阪浜大津駅～JR大津駅周辺、のべ28会場にて開催
主催：大津ジャズフェスティバル実行委員会
共催：大津市、大津市民会館 指定管理者 株式会社ピーエーシーウエスト
後援：滋賀県、滋賀県教育委員会、大津市教育委員会、大津商工会議所、社団法人びわこビジターズビューロー、
公益社団法人びわ湖大津観光協会、株式会社しがぎん経済文化センター、朝日新聞大津総局、京都新聞滋賀本社、
2012 OJFメイツ募集中！
オリジナルグッズプレゼント
実行委員・当日ボランティア募集中！
一緒に大津ジャズフェスティバルを盛り上げませんか？
当日だけのお手伝いも大歓迎です。

大津ジャズフェスティバル

「世界で一番美しいジャズフェスティバル」と銘打って、今年で4年目。
この秋、10月13日㈯・14日㈰の両日、浜大津〜大津駅周辺の
28会場で行われた。
いよいよ充実期に入った感があるこのジャズフェス。

全国からおよそ200組、1000人のミュージシャンが
びわ湖畔に集結、腕を競う。
このポスターやチラシのイラストは成安の学生さんの作品。
大津ジャズフェスティバルに係わる若い人達の力に期待したい。
主会場のなぎさ公園おまつり広場では、協賛の飲食コーナーもあり
軽快なリズムと湖面に光る夕日を浴びながら、満ち足りた時間を過ごす……。

「ジャズでつながる感動を共有しよう」と、
事務局では当日のボランティアスタッフも募集中！
※第5回大津ジャズフェスティバルは、25年10月19日㈯・20日㈰開催予定。

滋賀県
賀県警

AKB48的交通安全

パトカーに似せてデザインされた、京阪のラッピング電車。
真正面から見ると、ちょっとパトカーには見づらくて一瞬ギョッとする。
見た目の比率が違うせいか、ちょっと無理があるように思われる。

滋賀出身でマスコミに登場する有名人は少ない。
「ケンミンショー」的にいうと、滋賀県民はおとなしく
あまり人前には出たがらない性格、という事になるのだろう。
でも、AKB48のメンバー、田名部生来は当県出身
県交通安全ふるさと大使に任命され
郷土のため、交通安全の啓発活動に一役かっている。
忙しいなか、キャンペーンがあるたび、東京〜滋賀を走り回っているという。

広告収入で京阪よし、啓発効果で県警よし
知名度アップで田名部生来よし。
近江商人お得意の「三方よし」で次の総選挙は上位間違いなし。

通り抜けでき〼

細い路地が多い京都・先斗町あたりだと
観光客がガイドブック片手に、探検気分で右往左往するが
この「通り抜けできます」でホッとする。

大津にも細い通りは沢山あるが、この表示のある道を見たことがない。
まさに生活のためだけの道なので、部外者の闖入は迷惑千番なのだ。
極めて、慎重に「通らせていただきます」という姿勢は崩さず
行き止まりにならないよう、心に念じながら面白い風景を探す。
現役で働く井戸があったり、漬物石替わりに石臼があったりする。

で、天気のよい日はたいがい猫ちゃんがごろごろしている。
その油断している猫ちゃんにカメラを向けると
急に機敏に動き出し、なかなか上手い写真が撮れぬ。
この写真もやはりブレている、残念。

95

地球規模のモニュメント

地球儀の下にある赤い線、これぞ北緯35度の線である。
この赤い線をズーッと東へ辿っていけば、千葉県は千倉町で太平洋に出て
アメリカはオクラホマシティ、メンフィスを通り、大西洋にでる。
次に地中海はクレタ島、キプロス島を経て
バクダット、テヘラン、チベット高原を渡り
中国は成安を経て、そして島根県江津市で再び日本上陸。
そして、この地にもどる……。
一瞬にして、無料世界一周東回りの旅ができる。
この北緯35度線上のモニュメント、JR大津駅の東側のすみっこに
あることはあまり知られていない。

「大津駅から見えるのはサラ金の看板ばかりや」といわれて久しいが
現在は、こんな感じで西地区の再開発が進んでいる。
その再開発の目玉、29階建てのマンション建設が進むなか
JR大津駅東側のアルプラザ（平和堂）の閉店のニュースが飛び込んできた。

お地蔵さん六景

古来より、日本には六道輪廻という考えがある。
六道とは地獄、餓鬼、畜生、修羅、人道、天道であり
それらの苦しみから逃れるために、地蔵さんにお願いすれば
救われるという考えで、昔から子供の健全な成長を守護する仏として
篤く守り継がれている。
この旧大津には六地蔵どころか、いたるところにお地蔵さんが祀られている。
古老がその前で、手を合わせる姿を目にするたび
その感謝の心が現代に伝わるかどうか、危惧するところである。

土管のシェルターに守られているお地蔵さん、オールスティール製のお地蔵さん
塀の中に入り込んだ、お地蔵さんなど数えたらきりがない。

さて、子供にとっていろいろややこしいこの大津。
大人がきっちり、見守り育てていかなければならないと思う。

意外に少ないヴォーリズ建築

メンソレターム（現メンターム）で名高い
近江兄弟社を設立したヴォーリズ。
日本で多くの西洋建築を手がけた設計家でもある。
明治41年（１９０８）京都で建築設計監督事務所を設立し
日本各地で西洋建築の設計を数多く手懸けた。
学校、教会、病院、百貨店、住宅などその種類も様式も多彩で
関西学院大学、旧大丸大阪店などその数は１５００棟以上といわれている。

彼は近江八幡に拠点をおき
ヴォーリズ記念病院の前身、結核療養所「近江療養院」を設立。
また教育にも力をそそぎ、近江兄弟社学園なども設立した……とある。

しかし、この旧大津にヴォーリズの設計による建物は2棟しかない。
一つは、ＪＲ大津駅から中央大通りを下がったところにある
日本キリスト教団大津教会がそれである。
もう一棟は、長等神社近くにある個人住宅である。

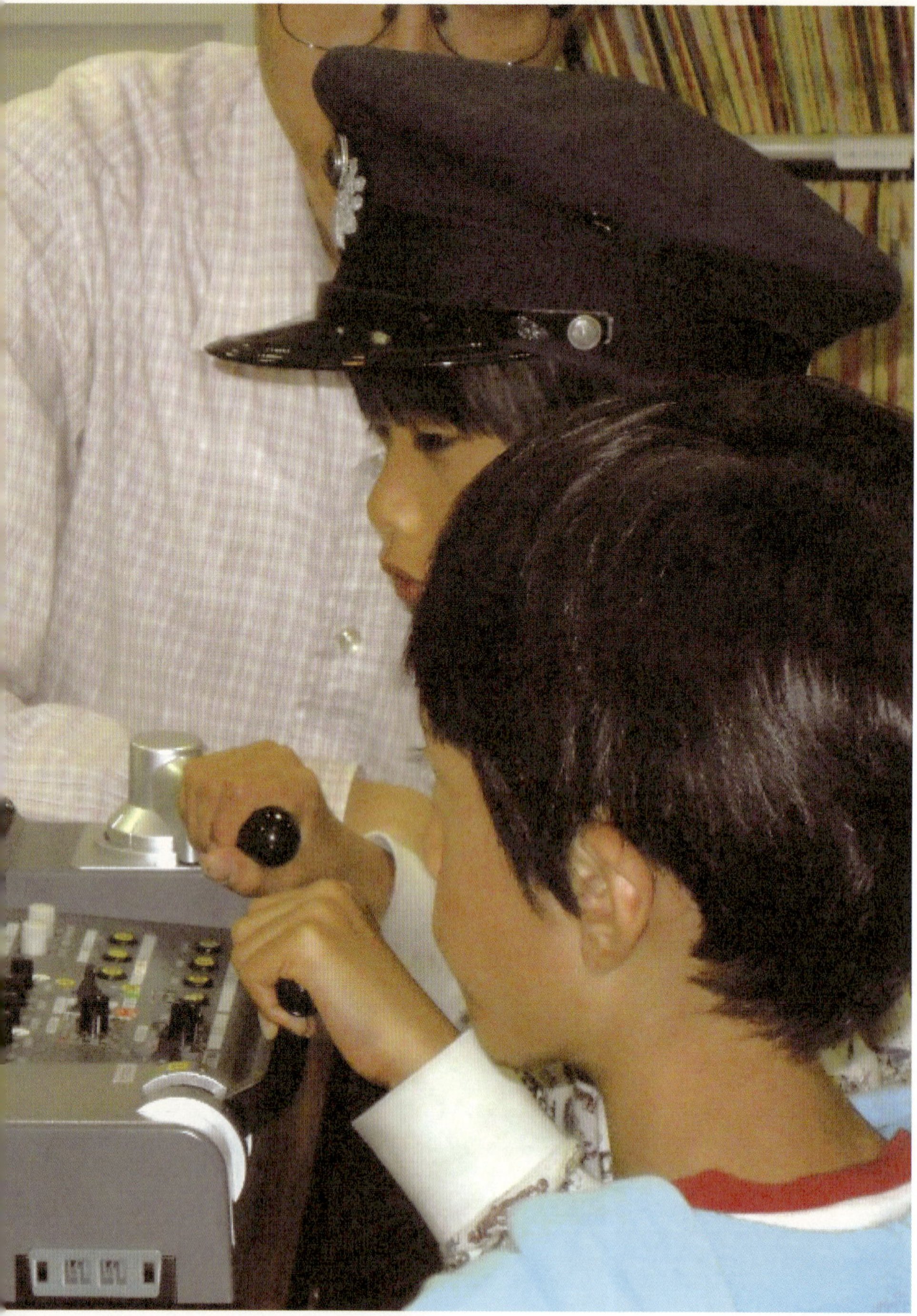

大好き！「テッちゃん」「鉄オタ」

「鉄チャン」「鉄オタ」そう呼ばれている人達の存在が、社会的に認められたのは
04年、電子掲示板に１通の書き込みから始まった「電車男」の存在が大きい。
こう言う私もかなり偏見を持っていた。今も持っている感は否めないが……。

「浜大津懐かしの写真展＆鉄道模型走行会」に行ってきた。
今回は、京阪電気鉄道１００周年という節目に当たり、相当「リキ」が入っている。
旧公会堂（古い人は公民館と呼ぶ）をバックに
浜大津駅から出発する旧江若鉄道の引き込み線や駅舎
京阪浜大津駅東口から、京阪三条へ行く特急や準急列車など、精巧に出来た
ジオラマが展示されている。
駅前風景も昭和40年代を再現、その中をＨＯゲージと呼ばれる鉄道模型が走る。

さて、その走行会が、浜大津スカイプラザ６階でおこなわれた。
入場料は一律２００円。紙で車両をつくるワークショップなども好評であった。
※館内は撮影禁止、許可をもらって撮影。

11/20
東寺から吉祥院天満宮をへて城南宮へ
11/27
12/11
白山神社からもみじ谷をへて天ケ瀬ダム・仏徳山へ
2012カレンダー
好評発売中！
37

足の長さが違うベンチ

京津線大谷駅、京都方面に向かう側のベンチ
よく見ると、左右の足の長さが微妙に違う。
向かって、右側の足が若干長いことに気がつく人はまれである。

浜大津から京阪三条へ。旧東海道、逢坂の関沿いの山あいを
大きく曲がりながら急な坂道を駆け上る4両編成の電車。
その頂上付近に逢坂山トンネルがあり、それを抜けると一気に視界が広がる。
国道1号線と平行に、急な坂を転がるように下ると大谷駅である。
日本の鉄道の中でも、2番目（ナンバーワンは明知鉄道の野志駅）の急勾配にある。
30パーミル（水平方向に1000m進むと30m上がる）という急勾配のため
大谷駅は、ホーム全体が傾斜しており
普通のベンチでは、座っている人が京都方面にずり落ちるおそれがある。

結構手の込んだ、この木製のベンチはこの駅オリジナルである。
利用する人に対しての配慮と、木のぬくもりが温かい。

100
大津100円商店街
笑《スマイル》いで大津を盛り上げよう
東西学生落語大会同時開催！
開催予告
6月23日（土）
午前10時より
売り切れ御免
100円商品がい〜っぱい！
商店街を歩いていいもの見つけよう！
主催　大津100円商店街実行委員会
菱屋町商店街（振）　長等商店街（振）　丸屋町商店街（振）　浜大津商店街（振）
京町未来図　八丁商店街　中央銀座商店街　大津駅前商店街（振）
協力　大津商工会議所　大津市　一般社団法人 大津市商店街連盟
（株）まちづくり大津　龍谷大学社会学部大津エンパワねっと

100円商店街

滋賀県下、最大級の商店街を擁した大津中心地の商店街。
その衰退に歯止めをかけるべく、6商店街が趣向をこらして
100円商店街なるイベントを実施する。
今回が2回目で、130ある店舗が趣向をこらした格安商品を出す。
100円の商品としては、エビ豆、近江牛コロッケ、うどんなどの食べ物のほか
純米酒、整体券、駄菓子なども売り出す予定。
百円という激安商品を提供して、各店の売りをアピールするだけでなく
お店と顧客のあいだで、新しいコミュニケーションが生まれ
もう一度その店を訪れたくなるような、魅力的な関係を構築する……。
100円商店街の期間だけでなく、商店街の魅力を再発見するきっかけに
なるのではと大いに期待される。

賑わいのなかで、商店街の魅力をPRする。
少し時間を見つけて元気な商店街、ブラリ歩きを楽しんではいかが。

ステンドグラスが美しい

「湖畔の聖母」という呼称を持つカトリック大津教会のステンドグラスは見事というほかない。たんなる平面の色ガラスを張り合わせたものではなくゴツゴツしたガラスのかたまりを、凸凹があるまま使っているので微妙な光の反射が美しい。長年通う私の旧知の信徒の作品である。

カトリック大津教会は、昭和15年（１９４０）メリノール会バーン司教の手で献堂式が行われた。外観は日本建築そのものであり、せり出した大屋根の青瓦が躍動感を演出。聖堂の内部は、ほとんど創建時のまま綺麗に維持管理されている。見上げると、天井を支えるうぐいす色のトラスが高窓から差し込む光に映えて美しい。玄関や六つのアーチ形の柱に施された、カラフルなタイルも往時のまま。昭和10年代、布教のため日本人に親しみのある教会をとの願いがそのまま70年の歴史を静かに語っている。

大津百町「町家学の基礎知識」⑧

【紅殻・紅殻格子／べんがらごうし】

表通りに面する柱や格子戸、格子窓に塗られている赤色顔料のことで
インドのベンガル地方で産したことからこう呼ばれている。
主成分は二酸化鉄で着色力、耐久性、防虫に優れている。
人体には無毒で、安価な塗装材として
中部地方から関西、中国地方の町家に広く用いられるようになった。
湖東・湖北では屋内の柱等にも用いられているが
ここ大津では、屋内で使用されている例をみる事はない。
京都の料亭や旅館などでは、紅殻を漆喰で塗りこんだ壁材で粋さを演出。
また有田焼、九谷焼等の陶磁器の色絵付けに重用されていた。

ちなみに、近江八幡の名物「赤こんにゃく」の
色素はこの二酸化鉄である。

大津百町「町家学の基礎知識」⑨

【おくどさん】

関西特に京都では何かにつけて、「お」付ける風習がある。
おいなりさん、おこうこ（漬物）おばんざいなどである。
おくどさんは煮炊きする竈（かまど）の事で
土間の奥にあり、大家族ではこの竈が三つ連なっていることも
写真（下右）は「大津百町館」にあるおくどさんで
昭和になって、タイル張りに造り替えられたと思われる。
おくどさんの上は二階家まで続く吹き抜けになっており
その大きな空間は、自然の排煙装置として機能していた。
しかし、台所の効率化、近代化が著しく進み
現役として機能するおくどさんは皆無といっていい。

おくどさん付近には、必ずといっていいほど
阿多古祀符火迺要慎と記された愛宕神社の「火の用心」のお札が貼ってある。

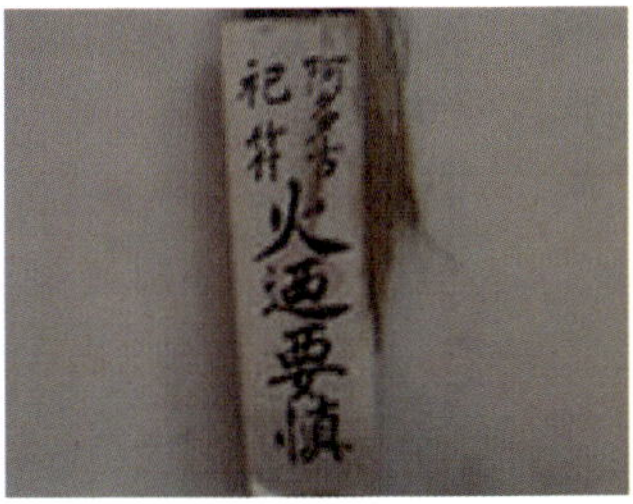

大津百町「町家学の基礎知識」⑩

【舟板塀／ふないたべい】

舟板塀は町家必須条件ではないが
琵琶湖で活躍した木造舟の廃材を使った
究極のリサイクル壁材である。
堅牢な舟板は釘のあとや留金具の跡などがあり
風雪に耐えた力強い雰囲気と
部材の組み合わせ、年月を経た木目が美しい。

大津中心部ではほとんど見ることができないが
観音寺辺りで見つけたこの舟板塀（下右）は見事なもの。
町あるき20年以上の筆者も新しい発見に胸躍るものがあった。
ある老舗の鮒寿司屋さんの看板として舟底板が
使われているのは有名である。

※長浜市、ステーション通りの見事な舟板塀（下左）。

カーブに水を差す

京阪京津線、上り車線「上栄町駅」を出ていきなりの急カーブ
その急カーブを曲がるとき、線路脇から噴水のように水が撒かれる。

シャワーの中をくぐる車輪は水滴を散らしながら一路浜大津へ……。

このシャワー、急カーブを曲がるときに出る「キュィーン」という不愉快な音を和らげるために設けられた装置である。

電車が通過するとセンサーが働き、細かい霧状の水が出る。


このあたり、人家を避けながら、また山の斜面を削りながら鉄路は大きく右へ、左へカーブする。

どうしても、鉄と鉄の摩擦音が避けられぬ。

その緩和措置として、霧状の水を撒いて和らげるという処置が地域の住民の意見を取り入れて採用された。

水を撒く処置は多くの鉄道が導入しているが、より効果があるとされる霧状の散水装置はここ、上栄町駅附近だけだという。

facebook
源氏物語(上)
490円
カラー版日本文学
監修 武者小路実篤・志賀直哉・川端康成

看板娘

元日活の看板女優、吉永小百合さん。今も日本映画界を背負って立つ。
その凛とした姿は、サユリストを自認する団塊の世代憧れのまと。

このポスター「カラー版日本文学全集」は昭和43年刊行
現在、大津の町家を考える会が運営・管理する「大津百町館」の前身
文泉堂さんが手広く本屋さんを営まれていた時の等身大ポスターである。
明治100年記念出版と銘打って、第1回目の配本は与謝野晶子監修の
源氏物語である。
装丁は当時売出し中、新進気鋭のデザイナー亀倉雄策氏。
と結構な文学全集なるシリーズ本も各家庭で持てはやされた。
応接間（今は死語になっている）の立派な書架に飾られるようになった。

その文泉堂さんのあとを「大津の町家を考える会」が借りて
現在のような形で運営するようになった。
空き店舗が多くなり、町としての機能が問われる現在
新しい運営のケースとして評価されよう。

千団子まつり

新緑が目にまぶしく輝く5月中旬（5月の第3土・日）
三井寺の守護神、鬼子母神に千個の団子を供える「千団子祭り」がある。
鬼子母神は訶梨帝母と称する女神で、自らは千人の子供を持ちながら
人間の子供を奪って食べる鬼神であったが、釈迦の説法を聞き
懺悔して仏法を守護する神となったという。
重要文化財、護法善神立像の特別公開と子供の成長を祈願し
亀の甲羅に名前を書いて池に放す「放生会」と
植木市に毎年大勢の人でにぎわう。

子供の頃から親に連れて行かれ、その頃は見世物小屋
フーテンの寅さんならぬ香具師の啖呵売などがあり
怖いもの見たさで、小屋の隙間から蛇女など垣間見た覚えがある。
今となっては赤面の至りであるが
中身が透けて見えるレンズを買った事がある。
好奇心旺盛な少年の夢を見事裏切った、啖呵売のおっちゃんであった。

二階の手摺り

かつての日本家屋につきものの二階の手摺り
しかし、どのような使い道があるのかよく分からない。
手ぬぐいや布団を干したりするのに使う？

私の勝手なイメージでは、晩秋の小さな温泉宿。
湯上りにほてったうなじの汗を拭いながら、来ぬ人を待つ浴衣美人……。
そんな情景を彷彿させるような手摺りのデザイン、否、意匠。
まさに日本の美そのものといった感じ、やはりデザインではなく意匠。

この手摺りには千鳥模様、そして打出の小槌がすかし彫りを施している。
幾年月の風雨に耐えた職人の細工、その技術に驚かされる。
「わが家の手摺りは○○○である」と自慢する？
そんな訳ではあるまいが、意匠を凝らした手摺りがいろいろあって面白い。

しかし、手摺りの必要としない家屋が増え、言葉も死語になり、
職人技も消えていく……。

かさぎ天ぷら
朝市
漁師の会

浜大津こだわり朝市

毎月第3日曜日、午前8時から開催される浜大津こだわり朝市。
京阪浜大津駅改札口を出るとすぐ、沢山の人や美味しそうな匂いが充満。
今年でもうすぐ10年、すっかり市民に定着した感がある。
「買い手よし　売り手よし　世間よし　そして環境よし」と
四方よしというコンセプトで運営されている。
わかさぎのから揚げ、朽木の栃餅、湖魚の佃煮、鯖寿司
採れたての野菜、湖国の地酒、手づくりおもちゃなど多くの品物が出店。
マジックや音楽イベントなども、有志によって行われる事もあり
早朝から、賑わっている。
ちょっと出遅れると売り切れの品物もあるとか。

まさに眼前に広がる美しい琵琶湖
なんとも憎らしい演出が興をそえる。
第3日曜日は早起きして、京阪浜大津駅へ直行！

琵琶湖疏水①伊藤博文曰く

先日実施したポータルサイト「おおつ＋i」の自主イベント
疏水さかのぼりハイクで気がついたこと。
びわ湖面の標高が想像以上に高く、現実に「水は高い所から低きに流れる」を実感。
山科駅から山側へ、住宅地を急な坂道を登り切ったところに
安祥寺橋から疏水の流れに逆らって、大津方面に歩く。
予想以上の流れの速さに、驚きながら、先人の残したこの偉業に改めて。

京都は、明治維新で都が東京へ移ってしまい、産業も人口も大幅に減少した。
この疲弊した状況を打破せんと、京都府第三代知事、北垣国道が
灌漑、上水道、水運、動力（発電）を目的とした超国家プロジェクトを計画。
大学を卒業したばかりの田辺朔郎を主任技術者として、設計・監督にあたらせた。
時に、明治18年、取水口三保ヶ崎から東山区蹴上までの第一疏水の着工である。
しかし、滋賀県や大津市の十分なコンセンサスが得られないまま工事が始まった。
ここから、京都と滋賀の軋轢がはじまったのかも知れない……。
第一トンネル（長等山のトンネル）入り口にある扁額「氣象萬千」
様々に変化する風景はすばらしい……と伊藤博文は記した。

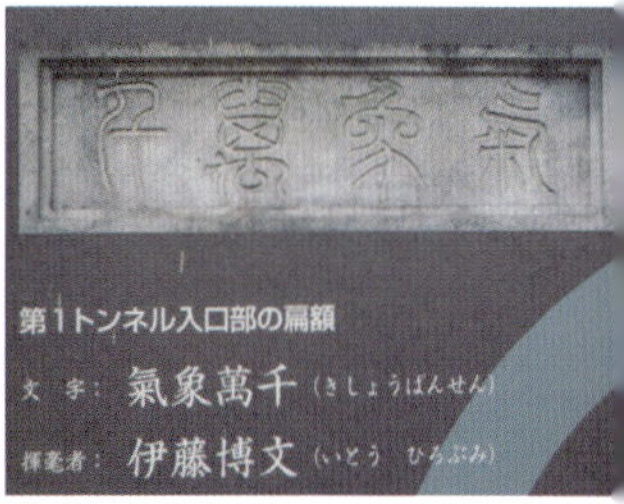

琵琶湖疏水②この先は京都市

琵琶湖疏水に沿って、小関越えハイキングコースを改めて歩く。
小関は大関（逢坂の関）と同じく、近江と京を繋ぐ重要な街道であった。
春は桜、夏は新緑、秋は紅葉と見所の多いコースであるが他に見所もたっぷりある。
峠の地蔵として知られる地蔵堂前の前を通り、脇道に入る
長等山トンネルを掘削するための第一竪坑（シャフト）がフェンスの向こうにある。
通風、彩光、また掘削機械やレンガの搬入などに使われていた。
当時今ほどの重機はなく、ほとんど手掘り状態であった。
多くの作業員がこの穴から新鮮な空気を求めて、出入りしていたに違いない。
そんな先人の苦労をしのばせるに十分な貴重な遺構である。

個人的には、世界遺産登録にも匹敵するほどの遺産であると思う。
現に、山科や京都東山区などにある市民団体はそれに向けて活動されていると聞く。
しかし、イマイチ大津側で顕著な動きが見られない事が残念だ。
琵琶湖疏水そのものは京都市水道局の持ち物であり、調査するにも
京都市水道局の許可を得ねばならない。
結構凝った桜のレリーフ、この境界線の向こうは京都市なのだ。

銭湯大勢①

銭湯の入浴料が400円なのはご存知だろうか。
高いか安いか。何年振りかで、電車道沿いの「小町湯」に行ってみる。
初冬の柔らかな日が、天窓から差し込む
43度設定とちょっと熱めの湯船に浸かりながら、
目を閉じ「ム、ム、ム、安い」、と感じる。

旧大津の古い住宅には、内湯がなかった。
私も、中学を卒業する頃まで銭湯に通っていた。
特に好きなのは一番風呂。潜りの練習をしてお年寄りに怒られたり、
そろばん塾へ行くのがイヤさに、ワザと忘れたふりをして銭湯に逃げ込んだり…。

小町湯は、近くの蝉丸神社境内に湧く、小町の水と呼ばれる井戸から
水を汲んで銭湯を始めた、ということからきている。
当然ながら、小町というのは小野小町のことで、
この界隈には、美人が多いと昔からいわれている。

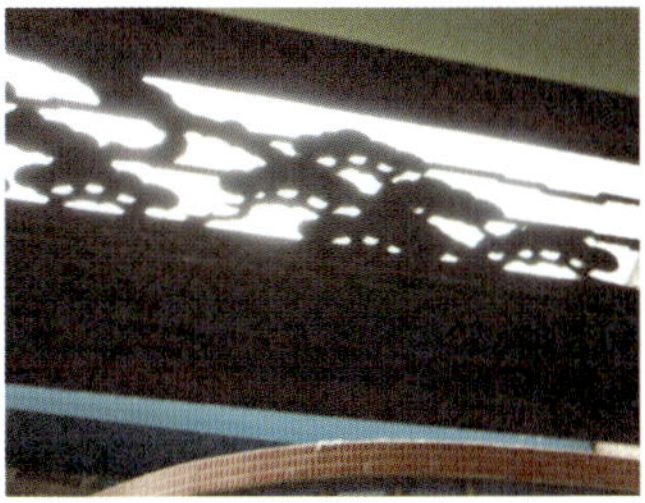

銭湯大勢②

手元に平成10年制作の「近江つれづれ銭湯めぐり」という
県公衆浴場組合が作った冊子がある。
それによると旧大津、西は三井寺駅近く大津湯から
東は、石場の糸繰湯までジャスト10店の銭湯があった。
25年、そのマップを広げて確認したところ7店しかない。
15年で3割のお店が閉店・廃業されたことになる。

県庁前から京阪島の関へ行く途中、かぐら湯がある。
清潔な湯船越しに、お城の下に大河、それに架かる近代的な橋が描かれた
タイル画「どこの風景なんでしょうね。長浜でしょうか」との問いに
ご主人前田さんは笑って「さて、よく分らない……」と。
福井県出身のお父様が当地で開業。なんでも関西地方で銭湯を営む
7割以上が北陸地方出身だという。燃料の手配などが大変な仕事
ねばり強い北陸魂が発揮するのだという。
跡取りも居ない事から、
私の代でケリをつけようと淋しそうな笑顔が印象的だった。

神出に獅子舞う

平成25年、初日記はいかにもお正月らしく、獅子舞の話。
私が住まいする地域は旧町名で言えば、神出町（かみでちょう）。
誰が付けたか、なんだか高貴で神々しい名前である。

新年は2日の午後、賑々しく獅子舞の一行が通りを練り歩くと
やはり伝統ある地域、ご贔屓さんから声がかかり一舞。
獅子舞は16世紀初め、伊勢の国で飢饉、疫病を追い払うために獅子頭を作り
正月に獅子舞を舞わせたのが始まりといわれている。
その後、伊勢より江戸へ上り悪魔を払い、世を祝う縁起ものとして江戸に定着。

チャカチャカと調子のよいリズムと横笛に合わせて獅子が舞う。
最後に、子供さんの頭をガブリ！「おめでとうございます……」
演者と観客の数がほぼ同数というのがちょっと淋しい。
舞いながら、次の場所へ移動
いいものを見せて貰った、心洗われるお正月風景であった。

まちを語る

鈴木琢磨（毎日新聞編集委員）×あんらくよしまさ（安楽堂主人）

まちを語る

2012年、あわただしく政局が揺れ動こうとする晩秋の夜、東京・銀座のクラブ（銀座ＢＲＢ）で大津出身の毎日新聞編集委員、鈴木琢磨氏と対談の機会を得た。今夜は政治の話は抜きにして、故郷・大津の「超ディープでコア」な、しかも愛情たっぷりな話をグラス片手に話してもらった。

鈴木琢磨

すずきたくま／1959年滋賀県大津市中央学区生まれ。大阪外国語大学朝鮮語学科卒業。毎日新聞編集委員。「今夜も赤ちょうちん」「酒に唄えば」などの探訪コラムが人気を博す。サンデー毎日記者時代から北朝鮮取材を続けている。「金正日と高英姫」「テポドンを抱いた金正日」など硬派の著作も。「みのもんたの朝ズバッ！」などでは朝鮮問題のエキスパートとして活躍。

コーディネーター：黒田一樹　撮影：後藤修介

ふるさと大津と「パーンの笛」での出会い。

安楽（以下、——）今日はお忙しいところ、対談の機会をいただき、ありがとうございます。まずは、鈴木さんと大津の関わりについておたずねします。

鈴木 僕は昭和34年生まれで、幼稚園から高校まで大津、大学も大阪やったから、キホン、大津。新聞記者になってからは関西をウロウロ、で、この20年は右も左もわからん東京におります。なかでも、ここ銀座は苦手エリアですわ。

——大津には年に何回くらい？

鈴木 どかんと関西がらみネタがあったりすると、取材のあいま時間をみつけて、ふらっと寄る程度で。親父が1人で住んでるんで、死んでないかチェックしに(笑)。
あるとき、いつものようにナカマチのシブイ古本屋「古今書房」でレアな大津本はないかいなと棚をながめてから、ふらふら歩いていると、けったいな店がある。「パーンの笛」でした。ここは帽子屋の「トラヤ」やったはず……、おそるおそるドアを開けると、カウンターに幼なじみの令子ちゃんがいて、びっくり。

――私も「パーンの笛」は開店当時から行ってます。

鈴木 なんともおもろいサロンができたもんや。アカヌケてるし。大津もやるやんとうれしくなって。でも、小学校の同級生なんかに会うと、ま、異口同音に「手遅れや」「衰退や」と言うんです。

――手遅れ、衰退、うーん。

鈴木 そう、東京一極集中の裏返し、地方都市の悲哀です。シャッター商店街、行き交う介護カー、しっとりした低い家並みは消え、にょきにょきマンションと駐車場だらけの味けないわがまちを嘆く、嘆く。大津市長になったるでなんて高校の友だちもおったんやけど……。

偉そうにいう僕もなんもしてへん。たまたま毎日新聞の夕刊（東京発行）で呑んべえコラム（169ページ参照）を連載していたときに「パーンの笛」のこと

「パーンの笛」令子ママ（写真・右）

鈴木琢磨（写真・左上）

を書いたんです。もうひとつ、近くのフナずしのうまい居酒屋「山小屋」も書きました。大津ラブの思いを記しておきたくなったんです。年齢のせいでしょうか。

今日は、くだんの令子ママの衝撃スクープ写真、アルバムを引きちぎって持ってきました。これが彼女で、これが僕。背景を見ると、たぶん長等公園やね。もう一枚は近所の友だちとのスナップ、いちばんアホな顔してますなあ。

うちは滋賀銀行本店のそば、浜通りのロージ（路地）にあってね。向かいは滋賀銀行の研修所、そのワキのちょっと薄暗いとこ。この前、行ったら、研修所は新しい建物になって、ロージも幅が広くなっていた。ヘンな感じですわ。

――小学校のころの写真ですか？　いい写真を残されてますね。

鈴木　コレクターですから。それにしても正真正銘の昭和の悪ガキでした。ケンカは弱かったけど。

――その頃の中央小学校は何クラス？

鈴木　２クラス、A組B組だけです。わが学区はすでに40年以上前からドーナツ化現象ですわ。いまは何クラスかなあ。

――僕は隣の平野小学校やったけど、平野学区はちっちゃかったけど、ちょうどそのころ、湖岸にマンションが建ち、山側に建売住宅が開発されて、うんと大きくなって逆転した。

地方の独自性を発揮できるのは、今から。

鈴木　僕は東京でいろんな人に大津の宣伝をいっぱいしているんです。大津ラブ人間としてね。

――ありがとうございます。市長に代わってお礼申します（笑）。

鈴木　大津はおもろいでって、どれだけ言い続けてるか。けどあきません。東京でそんなに大津にちなんだ呑み屋とか食べもの屋もないし。世界中の食が集まってるのに滋賀県にちなんだ店すら、３つか４つですよ。オール東京で。ようやく見つけた居酒屋に入ったら、フナずしがメチャクチャ高い！

——大津の人、いないですか。

鈴木　なぜか、あまり出会いもしません。ついこのあいだ、東京で高校の同窓会があってね。集まると、すぐ大津弁になる。知ってはりますか、サンライズ出版の『滋賀県方言語彙・用例辞典』。大津の方言もいっぱい出てくる。増井金典さんの手になるんですが、たしか中学で国語を習ったんとちゃうかなあ。きまじめな国文法の教材も書いてはったはずですわ。県の教育委員会が調査したままになっていた資料を増井先生がまとめたもので、これがおもろい。活字を追ってるだけやのに大津にいる感じ。声が聞こえてくるような。

ほかにも今日はわが大津コレクションを持ってきました。コレ知ってはります？

『大津・びわこのえんま帳』。

——はい、はい。昭和41年発行、大津の青年会議所が出したやつ。

鈴木　古本屋で買うたんですけど、名著です。ま、ＪＣのぼんぼんが書いたんにしては気がきいている。キメが細かい一級資料です。収録されている写真がぐっとくる。柴屋町の芸者カタログ〈美女美女紹介〉なんてことまでやってる……。すごい。「あたか」の写真もあります。

――ハレの日の唯一の洋食屋「あたか」。

鈴木　見てください。〈洋食日本一〉のどでかい看板がまぶしいですやん。ホンマに日本一の味やったかどうかは別にして、レストランは「あたか」しかありませんでした。僕もめったに入ったことないですよ。関西は外食文化やないし、よっぽどめでたいことがあれば仕出しでしょ、京都と一緒で。うなぎの「かねよ」とかナカマチのすし屋「かね久」とか。曳山展示館のそばの。鯖ずし、鱧の押しずし、うまかった。造り酒屋もありますね、ナカマチ入ったところに……。

――平井酒店さんですね。

鈴木　そうそう、呑んべえ記者としてしみじみ思いますが、あそこの「浅茅生」は銘酒です。ああ、いろいろ思い出してきた。「パーンの笛」のすぐ近くに「みやこ」ってお好み焼き屋がありましたでしょ。奥に離れがあって、中学生くらいになると、友だちと鉄板でジュージューいわして、お好み焼きや焼きそばを食うのが楽しみでね。ぜいたくでした。

――「みやこ」はもう、ありません。鈴木さんが高校生の頃はもうナカマチの丸屋町なんかはもう下火でしたか？

鈴木　いえ、いまと比べれば、そら、まだまだ活気がありましたわ。どこもシャッターしまってませんし。夏のナカマチ夜市もやってたんとちがいますか。

――映画館は？

鈴木　昔は大黒座、協映、滋賀会館を含めて3つほどでしたか。東映マンガ祭りやゴジラ、ガメラ、大魔神……。高校のころはどうやったかなあ。だんだんなくなっていったしね。滋賀会館ではもっぱら洋画を観たかなあ。「サウンド・オブ・ミュージック」も滋賀会館でした。

――石場にあった有楽座、これが一番古い映画館やったと思います。

鈴木　へえー、石場はわが徒歩&自転車文化圏から離れてて、知りませんね。で、滋賀会館はどうなったんですか？

――耐震不足で不特定多数の人が入ってはいけないことになったから、下のテナントさんもみんな出はりました。パーマ屋さんも、カメラ屋さんは最後まで入ってはったのかな、中華料理も……。高校のころアゲインという喫茶店で、隠れてタバコ吸うてました（笑）。でも、みんな出て行かはりました。いまは建物が残ってるだけで、再利用をするための土地利用も含めて民間からアイデアを募集したりしていますね。

鈴木　なんかよう似た感じで風の便りには聞いてますけど、大津珍百景のひとつ、鉄筋コンクリートのお城、琵琶湖文化館、あれ、誰のモンでしたか?

――県ですね。でも、立入禁止になっている。問題なのはあのお城で預かっている文化財をどうするかということ。

鈴木　ようわからんけど、宝の持ちぐされですわね。もったいない。ナマズなんかがいた地味な淡水魚の水族館もいいフンイキありましたし、お堀のつもりやったのかどうか、噴水の出る湖水に白鳥が優雅に泳いでましたがね。

――小さなお寺さんが盗難や火事などの心配で預けた仏像が、今度は耐震不足の建物の中で、おののいてらっしゃる。心もとない文化財行政だと言わざるを得ませんね。それでちょっと面白い話があったんです。私の知り合いで「坂本城を考える会」という市民団体の会員の方が、湖上に浮かぶ坂本城をどうにか実現したい、あの琵琶湖文化会館を船で曳いて坂本まで持っていこうかと…。

鈴木　そら、キソウテンガイ、グッドアイデア（笑）。でも、途中で沈没しますがな。

えらいこっちゃ。

——その坂本と石山寺を繋ぐ、京阪電車は町おこしの一つのツールになりうると思う。これだけ京阪の人気が高まって、鉄道オタクいう人の情報が思わぬ波及効果をもたらす。

鈴木　京阪電車はうちのすぐそばを走ってましたから、あのガタンゴトンは子守唄でした。通学にも使うてたし、生活そのものに溶け込んでました。小学校の同級生に京阪の車掌にあこがれてたやつがいたなあ。大谷勇くん。どうしてる?

——京阪大津線が、分社化するという新聞発表あったときに、その時にこれはアカンいうことで「勝手に京阪いっさか線学会」いうのを作りました。電車の中でシンポジウムなんかもしました。当時はK部長という方がおられて、「一緒になってやろうや」いうことで、あのお堅い京阪が、今まで15分間隔やったのを彼のものすごい英断で本数倍増したわけ。

そうすると7分間隔でしょ。おじいさんでも、おばさんでも「電車行ってしもたわ、でも駅で待ってたらすぐ来る」いう事で、ちょっとずつやけど乗客が増えてる。

鈴木　なんとゆうても京阪石坂線は大津の背骨やから。古い町中を曲がり、曲がりしながらゆっくり走る。窓から家の中のおかずまで見える。そんな距離感がたまらない。でも、湖岸に高いビルの壁ができて、値打ちのある琵琶湖ビューがしにくくなったのが残念です。

文化・芸術を育てた商人の町。

――話は変わりますが、この日本手ぬぐい、鈴木さんにプレゼントします。

鈴木　タオルやなく、手ぬぐいですか。

――これもようできてますよ。「大津百町」すべての町名が入った手ぬぐいです。「大津の町家を考える会」が作ったオリジナル手ぬぐいです。

話は興に乗って右左、さらにグラスを重ねてあっちこっち。まずは、取りとめのない話で終始した。対談中にも、鈴木さんに携帯電話が入る。解散・総選挙の情報？ そんな緊張感はアルコールで流し、故郷大津への思いが詰った、わがままで楽しい3時間であった。

鈴木　こら、ありがたい。わが大津コレクションがひとつ増えました。
――もう、そんなに大津が好きなら、はよ大津へ帰ってらっしゃいよ。
鈴木　うーん、サケやないけど、人間にも帰巣本能があるから、帰るかもしません。ふるさとを離れて、しかも東京砂漠暮らしをしていれば、すぐそばに大きな湖があり、山がある、うるおいたっぷりの大津がすばらしいってわかりますから。やむをえず、帰れないなら、いまは「ふるさと納税制度」の活用もあるし。
――で、もうちょっと大津に帰りやすくする方法など見つかりませんかね。
鈴木　新幹線をタダにする。ウソです、ウソです。ただね、東日本大震災があって、東北で取材していると、ふっとわが故郷のことが浮かんでくるんです。これまでよりもっともっと大津が恋しくなる。東京にいる大津人たちもきっと、そう感じはじめてるんじゃないですか。
さて、この『大津百町我儘百景』。要するに旧町の話あれこれなんですな。

――私のなかでの大津は、三井寺・琵琶湖疏水から石場の踏切あたりまで。山側は国道1号線、母校の打出中学あたりまで。皆さんがいう言う大津市とは別やね。だからまちづくりが難しいというのもいえるかもね。合併、合併で長うなって。まちづくりなんて、一層難しい。

鈴木　それにしてもヘンな本ですね、これ。赤瀬川原平さんらの路上観察学会本のようでもあるし、もっとマニアックなアート本みたいなところもあるし。だいたい大津の町歩きの役にまったく立ちそうもない。

この100円商店街ちゅのは、何ですの?

――昨年から始まったのですが、確か3回ほど開かれています。で、商店街の各お店が工夫を凝らして、100円で品物を提供する……。この場合、単なる売れ残りのものを、この際出したろかではダメで、どんなサービスを提供するか、各お店の腕の見せどころ。不動産屋さんでは、敷金100円のアパートがありました。

ワインの試飲とマスターのワイン話で、参加料100円というお店もありました。

鈴木　いろいろチエを絞ったはるんですな。やっぱりナカマチが元気にならんと大津やないなという気がします。

――私はその商店街近く、柴屋町に近いところに住んでいます。蕪村の弟子紀楳《きばい》亭《てい》という絵描さんがあのあたりに住んでいた。文人墨客のスポンサーにこと欠かないほど、当時の大津の商人はお金を持っていた。いわば、キレイなお金の使い方をこの柴屋町あたりでしたと。

鈴木　いま、安楽さんは「しばやまち」と発音されましたけど、ネイティヴの僕の記憶では「しばいまち」と発音してました。

――昔は近くに芝居小屋があったから。「しばいまち」というお年よりは多いですね。

鈴木　なるほど。さっきの『大津琵琶湖のえんま帳』。あそこに芸者さんのリストが出てましたでしょ。数えてみると40人ほど。私の母方の祖母が三味線を弾いてましたね。ちゃんと聞いたことはないんですけど、柴屋町の芸者やったんちゃうかいな、と想像してるんです。ちょっとべっぴんさんやったし。これもちゃんと聞いてないのでミステリーにしてあるんですが、私が生まれてしばらくいたうちのすぐ隣が、あの放送作家、花登筐先生の生家だったらしい。北国町です。叶匠壽庵の近くですわ。

――柴屋町の歴史とかをキッチリ、今しなければと思う。江戸時代の後期に花街番付では関脇くらいの位やったいう説があるんですよ。「柴屋町史」をなんとかせ実現させたいですね。花登筐さんも大津と言うより大阪の人ですが……。

鈴木　でも、大津人としては花登筐をクローズアップしたいなあと思います。「細腕繁盛記」や「どてらい奴」などの再評価も含めて、花登筐を見直さな。

――なぎさ公園に花登筐の石碑があるだけで。

鈴木　さみしすぎます。リアルタイムでテレビ、ラジオ、芝居の台本を6千本以上書いた作家なんて、もう二度と出てきませんで。

大津祭・大津絵に現れる「ポップな大津」。

鈴木　ずっと思ってることがあるんです。大津はもっとポップな、ポップな町なんだろう、と。東京で大津をPRするとき、いつも言うんですわ。松尾芭蕉が義仲寺に眠っておりますやろ。芭蕉が死んだのは大阪やけど、大好きな大津に墓を建ててくれ、と。芭蕉ってのはバナナです。俳句なんて陰々滅々とした難しい文学ではない。奥の細道を歩きはしましたが、もともと都会的なセンスがあった気がします。南国のフルーツ、バナナを俳号にし、あのころ、ええ感じに町人文化が花開いていた大津が彼の感性にぴったりしたんでしょう。

――芭蕉はライトでポップ、それに世界に通じる大天才ですか。

鈴木　ええ。大津は本来そういうところなのに、すぐ「比叡山、三井寺、石山寺」となる。そういう方が発信に手間もエネルギーもかからない。でも、なんか違うでしょ。大津絵だってセンス抜群ですやん。すごい。いまでも通じますよ。

――大津絵から、もうちょっとクリエイティヴな風刺画、今の世相を風刺するような「漫画」が生まれたらと。インターネットで、現代の大津絵が世界を飛び交うみたいな。

鈴木　そら、おもろい。いけますよ。ポップ都市・大津再びです。

――本来そうやったんでしょう。今これだけ、コミックとかいっぱい出てて、それが大津絵として成立するならば、そう「ちはやふる」みたいにブレイクするかも知れない、そう思うんです。

鈴木　かろうじて秋の大津祭が江戸の大津の雰囲気を伝えてくれてますけど、相当、レヴェルが高いモンやったとつくづく思います。大津祭を初めて見たら、みな興奮しますよね。僕も昔は山車にのって、鐘を叩いてました。白玉町の西宮蛭子山、通称、鯛釣り山です。えべっさんが鯛を釣りあげるパフォーマンス、からくり人形の面白さでは数ある山車のなかで一番でしょう。曳山展示館も「からくり、重要文化財、絢爛豪華、江戸の町人文化」。それくらいの説明でしょ。通りいっぺんな。でも、あの祭り、ナマで見たらわかりますが、そんなかしこまったもんやありません。

「戻り山」、ご存じですか？　そろそろ巡行もおわりになるころ、とっぷり日が暮れ、曳き手のおっさんも、笛ふいてるおっさんも、疲れながらも、一升瓶で酒呑んで、酔っぱらいながら、自分の町内に帰ってく。お囃子も「戻り囃子」になる。はじけるビート、山車はきしみにきしんで、興奮します。でもってどこかしらもの悲しい。アレはジャズや、と思いますね。ほんま、演奏も即興っぽく崩すんです。エエ感じで、泣けまっせ。ということは、「パーンの笛」ですがな。令子ちゃ

「大津の町家を考える会」オリジナル手ぬぐい
江戸時代（17世紀末）大津にはちょうど百町あった。比叡山から見て鶴の形をイメージした先人の想像力に驚かされる。

「大津・びわこのえんま帳 何んでものっている観光ガイドブック」
大津青年会議所観光部会 昭和41年10月6日発行

「大津百町物語―暮らしの昔と今を歩く」
大津の町家を考える会 平成11年4月発行

んらがやっている大津ジャズフェスと大津祭の音が重なる。音楽に洋も和もあらへん。ジャジーな大津、かっこええですやん。ポップな大津、かっこええですやん。芭蕉はんも、そやそやと言うてまっせ。きっと。大津再生のヒントは、そのへんにあると思います。

安楽さんのこの世にもマカフシギな大津本、その予感がします。

本書で言う大津百町・旧大津は、
上図の　　　部にあたる。

「今夜も赤ちょうちん」
平成24年11月10日発行／　鈴木琢磨著　ちくま文庫

「パーンの笛」で飲んでいる。JR大津駅から湖へ下る道沿いにある、一〇人ほどでいっぱいの小さなジャズバー。くすんだ色に沈んだふるさとをちょっぴり悲しく思いながら歩いていると、真っ赤なドア。（本文306頁より一部抜粋）

まちで商う

傘提灯　柴山商店

寛延元年というから、ざっと２６０年以上も前の創業という。
大津百町のメインストリートのひとつ、京町通りに面した柴山商店。
湖国三大祭り「大津祭」の撮影スポットとして知られている。
今度の土・日曜日、いよいよ大津祭の本番を迎える。
この辺りの周辺整備も徐々に進み、観光客も町歩きをたのしむ。

今から15年ほど前お店全景を
「大津の町家を考える会」が町家マップを作成するときに撮った写真（下中）
誰も見過ごすような味気ないシルバーのサッシなど、ごくごく普通の外観であった。
「なんとかせなアカン」と言ったかどうか知らないが
見事にこのような表情をもつ店に変身（下右）。
この町に住む人の誇りと言うべきであろう。
しかし、個人でその経費を捻出することは、誰でも出来るものではない。
この町をどうするのかといった理念と、経済的な行政の支援が必要だと思う。

※京町1丁目3-25／TEL 077-522-2854　定休日（不定期）

喫茶フォークロア

通いだしてかれこれ15年以上になるか。
変わらないのは、サイフォンで点てるコーヒーの味と、1杯３００円という値段。
変わったのは、お客さんの層と顔ぶれで、圧倒的におばさんの数が増えた。
近くに大きな総合病院があるせいか、午前中は診察待ちのお客さんがほとんど。
話題はご他聞に洩れず、健康と年金とポックリ参り。
皆さん「もうあかん、あかん」と口癖のように申されるが
そこそこ病院に通えるほど元気で、底抜けに明るい。

そして、この喫茶店に通えるもう一つの条件は
席につくまでに「よっこらしょ」と上がらなければならない、20センチほどの段差。
「マスター、お客さんのためにバリアフリーの工事すれば」との声に
「この段差を乗り越えんと、うまいコーヒーにありつけんのや
足腰のリハビリ、これは私の愛情や」と。
常連さんで一番若いと自認する私、一番元気をもらわなくてはならない人なのに。

※逢坂2丁目7－14／TEL 0777－526－3995　定休日（土・日）

ひとり歩き

たべ処 辻一

旧花街柴屋町のど真ん中、今でいう長等2丁目の角

「プラスさんの日記」あたたかいお地蔵さん（30〜31ページ）という項で

紹介したところ。

そのお地蔵さんの持ち主（?）が今回取り上げる辻一というお店。

通りは、この町が一番賑やかだった昭和40年台の面影はない。

店内は、黒と薄いベージュでまとめられていている。

で、靴を脱いで上がる。時代物の下駄箱に履物を入れ、いざカウンターに……

大津の地酒、浅茅生（あさじお）をはじめ、滋賀の地酒を網羅する。

流れるBGMは軽いジャズで、カラオケはもちろんナシ。

お奨めメニューは塩・わさびで食べる「牛肉のタタキ」か。

マスターの辻さんは根っからのサッカー好き。

地区のスポーツ少年団のコーチもされているとか。

まあ、なかなか指導に行く時間がなくて、子供達に申し訳ないと……

やや、大人のお店といったところか。

※長等3丁目3-12／TEL 0777-522-8932　定休日（日）

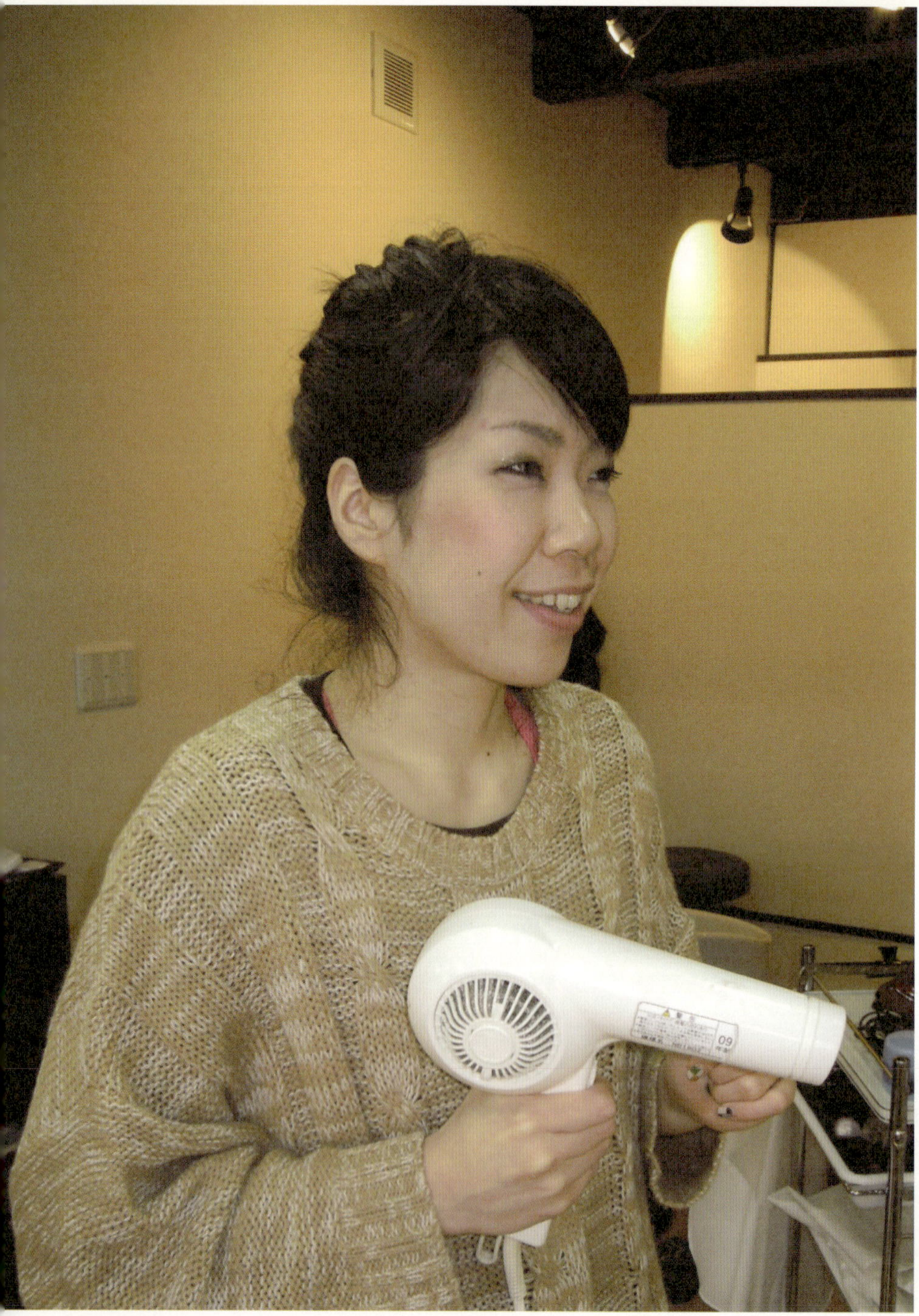

美容室 フォーエバーハッピー

町家を利用した新しい（3年目）美容室“forever happy”を訪ねる。
20年ほど、空き家になっていた祖母の家を改築して開業。
お店の名前は苗字の「永福」からきている。
若きオーナーさんは近江八幡で生まれ育ち、京都で美容師の修業を積まれた。
大津に住んでおられたお祖母さんのこの家によく遊びに来られ
多くの思い出が詰まっている。

この地域は大津祭の曳山、鯉の滝登りで有名な龍門滝山を持つ太間町で
子供のころ、お祭りを楽しみによく遊びに来たという。
独立の時は、即座にこの家を使いたいと決意。
それほどこの町家の雰囲気が気に入っている。
将来的には、二階部を誰でもが交流できるサロン的な空間にしたいと夢は膨らむ。
ちょっと写真では分かりづらいけど、天井の梁は往時のまま。
それを生かした内装が美しい。

※中央2丁目6-18／TEL 077-515-4129　定休日（木）

長崎屋食堂

長崎屋食堂。前から気になる場所であった。
思い切って自動でない手動の戸を開け、鍋焼きうどんを注文。
お祖父さんが、この場所でカステラやパンなどを販売
当時ハイカラなカステラの販売という事で
長崎屋という名が付いたとか。

もう、御主人の27回忌も済んで、楽しみながらこの食堂を営む
いつの間にか、76歳になってしもたと、加藤圭子さん。
電車道を挟んだ、鍵屋町生まれというから生粋の大津人
今は気ままに、お馴染みさんに麺類や丼ものを供されている。

壁に貼られた手書きのメニューがずらり
もう何年も変わっていないと、笑いながらおっしゃる。
時間を見つけては、店の前や横、鉢植えの植物の世話をされる
おしゃべりと、元気だけがとり得と申されるが、それが何よりである。

※長等3丁目2-10／TEL 0777-524-5050　定休日（日）

お食事処 アケミ

商店街近く、昔からある洋食屋さん「アケミ」
オープンキッチンとカウンターだけの入りやすいお店。
マスターとお母さんとの二人で切り盛りされている。
写真は、ひき肉と卵のオムレツ定食７４０円。
小さなフライパンを左手に持ち、右手でフライパンの柄を
コツコツとたたいて、とろとろの卵を巻いていく……。
その腰付きは、芸術的ですらある。
中はとろとろ、外はふわふわのオムレツの出来上がり。
もう15年も通っているが、味は不変である。

毎週月曜日の夜は、月曜ワインクラブと称して
３種類のワインとチーズをメインにしたオードブルが楽しめる。
メニューは、２種類あって、Aセットはグラスワイン３種と
オードヴル３品で１２６０円。
Bセットは、Aセット＋チーズ盛り合わせにパンが付いて１９００円。
そして、マスターのチーズとワインの話が楽しめる。

※長等2丁目9-34／TEL 077-522-0339　定休日（水）

革工房「かわせみ工房」

商店街でちょっと変わったお店を見つけた。
西友の東隣り、見すごさずに目をこらして探すと
革工房「かわせみ工房」がある。

お店には、オリジナルの革製品が所狭しと展示されていて
その奥に業務用のミシンが鎮座。
「自分で気に入った革製品を作る」をコンセプトに
縫い方なども丁寧に指導してくれる。
キーホルダーなど簡単なものから、財布やバックまでオリジナルな
商品を持つ喜びが味わえる。
ネットや口コミでその噂は広まり、新しいトレンドとして
これからが楽しみなお店である。
「かわせみ工房」で検索すれば一発でヒットする。

※長等2丁目2-22/TEL 0777-525-6767　定休日（火）

八百政

大正4年創業の八百屋さん、ご当主は戸井正子さん当年85歳。
丁寧で愛らしい対応は、とても80を超えたとは思えない。
先代が大事に保管していた、大正5年発行の営業許可の鑑札を見せてもらう。
この鑑札を「これできっちりお国のために税金を払うことが出来る」と
感謝しながら神棚に供えていた姿を、昨日のように覚えていると話される。

いわば町中にある、ふつう八百屋さんがめっきり減ってずいぶん時が経つ
車を停める場所がない、店頭でのコミュニケーションが煩わしいなどの
理由で、どんどん郊外のスーパーマーケットを利用する。
しかし、旬の野菜や果物の料理法や食べ方、見分け方などが日ごろの会話で
自然と繋がる町の八百屋さん。
前を通るだけで、ホッとするのは私だけだろうか。
粒のそろった淡路産の玉ねぎ、小分けに包装された果物など
小家族や、単身の高齢者向けに心配りながら、新鮮な商品を提供されている。
※中央2丁目3-15／TEL 077-522-3800　定休日（不定期）

柴田豆腐店

大津は、豆腐や酒造りには欠かせない地下水が良い事で知られている。
柴田吉雄さんは４代目、おおよそ１００年つづいた豆腐屋さん。
リヤカーをひいて、石場から浜大津あたりまでラッパを鳴らしながら行商
朝が早くて、辛い事も多かったという。
今は、この豆腐や揚げの味を求めて、遠方から買い求めて来られる
そんなお客さんに感謝しながら、豆腐造りに励まれている。

昨年の末は、ＮＨＫの大津放送局制作の
ミニドラマ「豆腐の味」の舞台、実際の豆腐屋さんとして登場。
石野眞子演じる母親と、将来に不安をもつ娘、森田涼花（新人）の
親子愛や青春の葛藤を描いたもので、
京阪電車での通学風景、大津祭の場面などもあり
地元愛に満ちた作品になっている。
地元に密着した、誰からも愛される豆腐作りを…の思いは不変である。

※中央1丁目1–23／TEL 077–523–0567　定休日（日・祝）

蒲鉾　大友《だいとも》

落ち着いたたたずまいのお店も魅力的だが
今回、初めて蒲鉾工場なるものを拝見。
失礼ながら、入る前はこんな所で蒲鉾？と思っていたが
なかなか清潔で近代的な設備と、キッチリ教育を受けた従業員さんが
忙しそうに立ち働く。

蒲鉾の主な原料はタラやイトヨリ、ハモなど。
消費数に見合っただけの生産で、手作り感を大事に
出来るだけ作り置きはしないという方針は、創業当時から続いている。
冬場になると、おでん用のごぼ天が好評。
結婚式や法事など伝統的な蒲鉾も定番。根強い人気を博している。

大友の鮮魚部門は瀬田大江の公設市場で卸業を営むが
練り物製品は創業以来の当地で、6代目内林優仁さんが跡をとる。

※中央2丁目6-16／TEL 077-524-2452　定休日（日・祝・第2・4水）

特

有限会社　千丸屋

店頭に並ぶポップは、
力一杯の手書文字。パソコン制作全盛時に、思い切り我を主張する。
デザイナーの私にとって、非常に心地よい眺めである。

千丸の名前の由来は、創業者が京都の「千丸」という湯葉屋さんで修行され、
大津で湯葉屋を始めたからと聞く。
鰹節など乾物を扱ったのは2代目から、そして現在の4代目に続く。
特製の鰹節削り器の前に立ち、上から惜しげもなく鰹節を投入！
豊かな香りと、薄く削られたかつおぶしが
飛ぶように、踊るように出てくる。

元気な若奥さんの対応と
ちょっと控えめでお祭り大好きな、ご当主清水康晶さんとの
絶妙な掛け合いで、超忙しい年末・年始を乗り越える。

※中央2丁目1-15／TEL 077-522-3961　定休日（日・祝

鳥もと

かしわ 鳥もと

京・大津の人は、鶏肉のことをかしわといい
精肉店（牛肉）とはまた別に、かしわ専門店で様々な部位が売られていた。
わが家では、特にお正月前に、あらかじめ一羽を締めてもらっておき
家族揃ったところで、一羽丸ごとのかしわの水炊きを食べる。
牛肉のすき焼き以上に、ご馳走だったという記憶がある。

鳥もとは、大津では数少なくなった、かしわ専門店。
ここ寺町商店街で、商いはじめて60年。
脂肪が付きすぎないよう、動物タンパクを抑えた大麦を主原料に
抗生物質など、薬品類は一切使わない自然飼料で育てた「京赤地どり」。
朝引きの貴重で新鮮な部位は、プロも仕入れにやってくるという。

自家製のタレに４時間漬け込んだ、
特製チキンロールは午前中に無くなることが多いという。

※末広町３－１／TEL０７７－５２３－１４９８　定休日（日・祝）

そば

支那そば　東天

今はやりの激辛や、やたら味の濃厚なラーメンではなく、
昔なつかしい素朴な屋台のラーメンをと、今まで主に酔客を相手に
ラーメンを提供していた林さん。
しかし、このご時勢、サラリーマンや通りすがりの一見さんにも
この味を味わって欲しいと昼間も営業することに。

スープは鳥や肉を一切使わず、玉葱、人参、椎茸など野菜のみ煮込み
何回も失敗しながら見事に、琥珀色に澄んだコクのあるスープが仕上がったという。
チャーシューに替わる北海道産のベーコンと、
細く長く切ったネギがいろどりを添える。
最後の仕上げに、熱くしたゴマ油を少量回しかける。
スープにフツフツと沸きながら、ゴマ油の香りが匂い立つ。
店構えは仮店舗のような（失礼）素朴な構えであるが、
味で勝負できる支那そば屋である。

※浜大津3丁目8−3　定休日（日）

大倉弓道具店

超！レアな弓道具をあつかうお店とは……、興味深々で伺う。
御当主の大倉公夫さんは2代目、ご自身も弓道場で弓を引かれた経験を持つ。
先代重十郎さんは昭和の初め、今の店近くで弓道具店を始められた。
爾来、重十郎という名は屋号として引き継がれている。

たまに弓道具店の前を通ると、高校生が弓の入った筒を持って
店から出てくるところに出くわす。高等学校の弓道部の生徒さんたちである。
高校生の弓は、金属製やカーボン製がおもで、真っすぐに飛びやすい。
上級の一般者は竹の節がある矢を使う。飛びにばらつきがあり、
微調整が必要になる、その問題を解決するのが大倉さんということになる
いわば、その調整は商売を抜きにしての、真剣勝負だと仰る。
弓の部分の竹は九州産で、2枚の竹を張り合わせるが
張り合わせた竹の中に、薄く切ったハゼの木を入れ強度を増す。
それを引くには、かなり特殊な背中の筋肉が必要となり
弓道の動作をすることでしか鍛えられないと、その道の奥深さを垣間見た。

※長等2丁目3-9／TEL 0777-522-7603　定休日（水）

横井金網店

京町通りに以前から気になる店があった。横井金網店である。
取材申し込みに、思い切ってガラス戸を開ける。
にこやかな笑顔で応対されたのは御当主、横井さん。
昭和4年生まれの満82歳。元気に現場で仕事をされている。
最近では、左官屋さんが砂利を選別する時に使う、ふるい（篩）や
川魚屋さんが、魚をすくう専門の網
湯豆腐には欠かせない杓子など、専門に扱うお店からの注文が多い。
しかしご他聞に洩れず、安い外国製品に押されっぱなしやと、笑いながら話される。
蚊取り線香立てや、灯篭のミニチュアなど遊び心の詰った作品は
金物細工なのに、あたたかささえ感じるのは職人芸のなせる業か。
もう30年以上も前のことであるが、京都にある有名湯豆腐屋さん。
宴会で興にのり、悪ふざけでその湯豆腐杓子を持って帰ったことがあった。
（後日返品に行ったが）手にしっくりとなじむ質感が絶妙だったに違いない。

※京町2丁目4-9／TEL 0777-522-4941　定休日（日・祝）

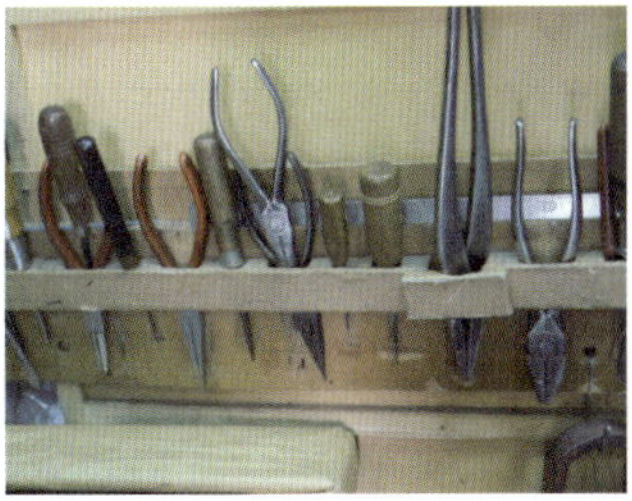

スタンド林屋

根っから大津とは縁のない、湖南市出身のイケメンマスター林さんは33歳。

お得意の料理を前面に、スタンド林屋をオープンして丸3年開店時間の5時前から、お馴染みさんが列をなすことも。


林さんは料理専門学校を卒業のあと、創作料理の勉強や名店や居酒屋で修行をつみ、はれてリーズナブルで美味しい料理を提供する店を実現。

立ち飲みだけど、手を抜かない！をコンセプトに今日のおすすめ料理以下、フレンチ系イタリアン系など意欲的な料理を提供。

試食した『燻製まぐろの粒マスタードソース』は450円というお手ごろ価格。飲み物は生ビールをはじめ日本酒やワインの品数も豊富に揃っている。

財布にやさしく、健康にも気をくばる……これからの林屋に期待！

※梅林1丁目2-5／TEL 0777-522-5502　定休日（日・祝）

パーンの笛

本書、「まちを語る」編の対談の相手、鈴木琢磨氏をして
「なんともおもろいサロンができたもんや」と言わしめた。
赤い扉と、先代から引き継がれたロゴタイプが印象的なパーンの笛。

ちょっと大人好みのジャズが店内に響く。
令子ママが絶妙のタイミングで、ハイネケンのサーバーで生ビールを注ぐ。
スコッチのシングルモルトやバーボンの品揃えも十分。
ジャズが好きで聴きに来る人が半分、おしゃべりが好きという人が半分。
ミュージシャンが二人も揃えば、セッションが始まる事も……。

琵琶湖の周りで何かしたい！という願いが実現し
大津ジャズフェスティバルの事務局的な機能と、情報交換の場になる。
世界で一番美しいジャズフェスティバル目指して、
第5回目の準備に余念がない。

※中央2丁目2–1／TEL 077–527–2728　定休日（日・月）

おわりに

平成25年1月1日、私は満65歳になった。もう老境である。くたびれたスニーカーを履きニコンのデジカメを持って表に出る。本人は「颯爽と」、と思っているが足元がおぼつかない。

携帯電話の機能に付いている万歩計は、ほぼ毎日８０００歩から一万歩を表示する。持病の関節リウマチには適度な運動がよい。したがって余り病状は進まない。

私の一日の行動範囲、西は市役所の手前、大津歴史博物館から三井寺、長等公園をすこし回ってナカマチ商店街。午後は東へ……。市立図書館から夕方には京阪電車に乗って、毎日ではないが孫娘の学童保育のお出迎えに唐橋前まで。それでも、デジカメとメモ帳は手放さない。結構忙しく暮らしている。

自転車なら30分。ゆっくり歩いて1時間ほどの狭い「大津百町」といわれる旧大津を、ことさらクローズアップした本書であるが、撮影場所の答えをわざと出さなかったり、と結構不親切な作りとなっている。

丁寧な観光案内本やパンフレット、ハウツー本やネット情報だけで行列が出来る昨今、貴方だけの「あ！」を探しに出かけませんか。「好きなこと、楽しいこと、心地よいこと」を探されたらいかがだろう。

さて、我儘放題・自画自賛・支離滅裂・体力消耗本が出来上がった。本作りの楽しい時を多くの人達と共有し、情報を整理し、デジカメを持っての追加撮影。そして確認作業で意見の食い違いや作業の遅れ、そのたびに発泡酒の缶が空く。もう止めたろかと、思わなくはなかったが……。

約一年と数ヶ月、大津の文化遺産を活用して、地域活性化に寄与するためのツール、「おつ＋ｉ」にブログを書く機会と、快適な仕事場、抜群のネット環境を与えていただいた（株）アーテファクトリー様、また煩雑な原稿整理など、直接この作業に係わっていただいたチーム安楽堂のメンバーなど、さまざま形で尽力をいただい方々に深く感謝の意を捧げたい。

あんらくよしまさ

大津百町我儘百景（おおつひゃくちょうわがままひゃっけい）
２０１３年２月20日　初版１刷発行

●著者／あんらくよしまさ

●発行所／安楽堂
●企画編集／チーム安楽堂
●デザイン／山田隆・安楽麻衣子・藤澤和広
●発売／サンライズ出版
〒５２２-０００４　滋賀県彦根市鳥居本６５５-１
電話　０７４９-22-０６２７
●印刷／Ｐ-ＮＥＴ信州

 ISBN978-4-88325-505-4　C0095